KB121389

# 20세기 철학 입문

# 20세기
# 철학 입문

**후설에서
데리다까지**

북캠퍼스
지식 포디움
시리즈 02

**PHILOSOPHIE
DES 20. JAHRHUNDERTS**

토마스 렌취 지음 | 이원석 옮김

# 짧지만 강력한 20세기 철학 안내서

20세기 철학은 2500년 철학사에서 정점을 보여주었다. 중점적으로 다루는 주제가 다양해졌고 학파는 폭넓게 형성되었다. 20세기 철학은 무의식에서부터 인간 실존과 언어, 사회, 과학에 이르기까지 모든 차원에서 이성 비판의 급진성을 특징으로 한다. 급진성은 지난 20세기에 발생한 두 차례의 세계대전과 홀로코스트, 히로시마 원자폭탄 투하 등의 재앙과 같은 사건들이 촉진한 것이다. 이렇듯 현대는 기술, 사회, 과학의 획기적 혁신과 유례없는 파괴를 동시에 경험하며 발전했다.

이 책은 20세기를 거치며 한편으로 치우치고 세분화된 비판적 성찰들이 현재뿐만 아니라 미래에도 생산적으로 서로 결합하여 상호 보완될 수 있음을 보여준다.

이를 통해 우리는 극단적 상대주의나 합리성의 자기 파괴적 형식에 매몰되는 대신 특정 학파의 강제에서 벗어나 모든 비판적 성찰과 접근법을 구성적으로 배울 수 있다. 이러한 배움으로 새로운 인간적 삶과 공동체적 삶의 실천은 문화를 상호적으로 그리고 초월적으로 상상하게 하며, 우리의 유한함과 한계를 바탕으로 능력과 가능성에 새로운 이해를 열어준다.

따라서 이 책은 20세기 철학의 가장 중요한 업적들, 즉 비트겐슈타인의 언어 비판, 하이데거의 존재론, 아도르노의 소외와 물화 비판 등을 심층 분석하여 기존의 이해 방식에서 벗어나 좀더 쉽게 접근할 수 있게 서술한다.

# 차례

# 1. 전환기 위대한 선구자들

## 변화와 혁명의 시대

20세기 철학의 출현과 발전을 이해하려면 먼저 철학의 밖을 살펴야 한다. 19~20세기에 철학 외적으로 어떤 중요한 모색과 성과들이 철학에 깊은 영향을 끼쳤는지 알아야 한다. 근본적 변혁과 급진성은 이 시기 사유의 특징이다. 사회와 문화, 기술, 과학, 개인의 자기 이해가 때로는 극단적으로 변화했기 때문이다.

19세기에서 20세기로 넘어가는 과도기에 키르케고르, 마르크스, 퍼스, 니체, 프레게, 프로이트, 아인슈타인은 뛰어난 사상가로서 이례적으로 패러다임의 변화를 주도하고 성찰적 혁명을 일으킨다. 20세기 철학은 실존철학이나 마르크스주의, 프래그머티즘의 언어분석과 논리적 개념 분석 없이, 문명 비판이나 도덕 비판, 정신분석, 상대성이론 없이 이해될 수 없다. 19세기에 뿌리를 내리고 있는 이런 실마리들은 특이하게도 아웃사이더들에 의해 발전한다. 하지만 이 아웃사이더들은 '정상 과학'이나 철학에서 어떤 자리도 얻지 못한다.

덴마크 철학자 쇠렌 키르케고르(1813~1855)의 주요 저서들은 문학적이다.《공포와 전율》(1843),《불안의 개념》(1844),《이것이냐 저것이냐》(1844),《죽음에 이르는 병》(1849)은 학술적 철학서가 아니다. 순간의 결정적 상황(《순간》, 1855)이나 두려움과 불안, 미학적·윤리적·종교적 삶의 가능성 앞에서 인간 실존과 그 유한성에 관한 철저한 분석으로 키르케고르는 20세기에 중요하게 각인된 실존철학(야스퍼스)과 실존론적 존재론(하이데거), 실존주의(사르트르와 카뮈)를 위한 토대를 만든다.

독일의 경제·정치학자 카를 마르크스(1818~1883)는 한 시대의 획을 그은《자본론》(1권, 1867)과《정치경제학 비판》(1857~1859)을 대학 밖에서 완성한다. 헤겔에게 빚진 마르크스의 역사 해석과 변증법적 유물론은 전 세계적으로 사회주의와 공산주의의 발전에 영향을 미친다. 20세기에 들어서 마르크스주의와 관련한 이론은 복잡한 학문적 형태를 띠게 된다.

20세기 중반 이후 미국 프래그머티즘의 수용은 철

학의 발전에서 의미가 크다. 미국 철학자 찰스 퍼스(1839~1914)와 윌리엄 제임스(1842~1910), 존 듀이(1859~1952)는 행위 이론에 기초한 인식론과 과학 이론을 수립한다. 이들은 일상적인 인간 경험에서 시작해 장기적 발전 과정을 타당성 문제에 넣으며 처음부터 민주주의적 이상을 진리 주장의 의미를 구성하는 데 기초로 간주한다. 이런 식으로 규범적·실천적 해석은 기술적·이론적·과학적 기획에서 교육학과 사회학 같은 실천 분야의 기술적·이론적 전제처럼 분명해진다. 퍼스는 철학을 공부하고 측량 기사로 일했다. 퍼스의 기호이론, 즉 인식론(특히 칸트)의 기호학적 변형은 20세기 중반 이후에야 비로소 국제적으로 영향력을 발휘하기 시작한다. 퍼스는 인간이 의사소통을 위해 공동의 기호를 사용한다는 것을 분석의 중심으로 옮겨놓으면서 언어철학을 프래그머티즘과 사회철학에 연결한다. 이는 아펠의 초월 프래그머티즘과 하버마스의 보편 프래그머티즘처럼 20세기 체계적 접근 방식에 지침이 된다. 그리고 조지 미드, 윌러드 콰인에 의해 분석철학은 프래그머티즘의 영향을 받는다.

독일의 시인이자 철학자인 프리드리히 니체(1844~1900)

는 대학에서 고전문헌학을 가르쳤지만 저술 활동에 집중하기 위해 학교를 떠난다. 니체는 저술 활동을 통해 고대 철학에서부터 기독교의 영향 아래에 있던 유럽 전체 문화와 문명에 대한 기초적 비판을 정교화한다. 지금까지 가치들의 토대이자 의미의 근거였던 모든 것이 이데올로기였음을 폭로하고 "모든 가치의 전도"와 "신의 죽음"을 선언한다. 니체가 죽은 뒤 저서들은 하이데거와 프랑스에서 해체론이 등장하는 데 자양분이 된다.

독일의 논리학자이자 수학자인 고트로프 프레게 (1848~1925)는 예나대학에서 교수를 지냈다. 프레게는 칸트주의자로 언어와 개념, 판단, 명제의 논리적 구조에 관한 선구적 분석을 개진한다. 프레게는 여러 논문을 통해 언어분석과 의미론을 구축하는데,《개념표기법 Begriffsschrift》(1879)에서 정점에 이른다. 프레게의 연구는 개인적 관계가 있었던 러셀과 비트겐슈타인, 카르납으로 이어지며 사후에도 현대 언어철학과 분석철학에 세계적 영향력을 발휘한다. 프레게는 처음에는 주목받지 못했지만 20세기 철학의 가장 중요한 발전, 즉 '언어학적 전회'로 향하는 길을 연다.

빈의 정신의학자 지크문트 프로이트(1856~1939)는 진료실에서 정신장애와 질병을 치료한 경험을 바탕으로 육체와 감각, 특히 성性의 영향 아래 있는 인간의 심리에 관한 혁명적 이론을 완성한다. 프로이트는 우리의 의식이 이드와 자아, 초자아로 나뉜다고 설명한다. 이러한 프로이트의 정신분석학은 성적 욕구나 두려움, 꿈, 광기에 대한 어린 시절의 경험과 같이 지금까지 억압되고 금기시되고 이데올로기화되었던 인간의 경험과 존재 영역을 다룬다. 특히 프로이트는 무의식을 개념화하고 육체적 사랑과 우리가 꾸는 꿈을 최초로 심층 분석(《꿈의 해석》, 1900)해 고전적 모더니즘에 대한 새로운 사고방식을 이끌어내며 널리 영향을 미친다. 고전적 모더니즘은 인간의 일상적 행동이 생각해왔던 것보다 훨씬 더 많이 무의식에 좌우된다고 주장한다.

알베르트 아인슈타인(1879~1955)은 무명의 물리학자로 베른의 특허국에서 일하며 세기의 전환기에 시간과 공간, 빛과 중력의 관계에 관한 상대성이론을 구상한다. 하지만 아인슈타인의 연구는 물리학계에서 주목받지 못했다. 그러나 곧 상대성이론은 한편으로는 시간과 공간, 빛과 중력의 관계에 관한 기존의 생각을 완전히 바꿔놓았고 다른 한편으로는 물리학 이론도 철저한 측정

이 필요하다는 근본적으로 새로운 방법론을 등장시켰다. 처음에는 증명할 길이 없어 황당무계하다는 평가를 받았으나 아인슈타인의 이론이 입증되자 언론은 "빛도 무게가 있고 공간은 휘어져 있다!"라고 대서특필한다. 물리학이 보는 세계상이 변화했다는 놀라운 소식은 대중의 뇌리에까지 전달된다.

지금까지 언급한 탁월한 이론가 일곱 명은 20세기 철학과 핵심적으로 연결된다. 이로 인해 실존철학, 마르크스주의, 프래그머티즘, 급진적 문화 비판, 논리적 언어분석, 정신분석 그리고 물리학과 기타 자연과학의 새로운 패러다임에 관한 격렬한 논쟁으로 이어지는 여정이 마련된다.

## 신칸트주의와 마르부르크학파

이에 비해 기존의 강단철학은 일견 관습적이고 정해진 길을 따라 움직인다. 특히 마르부르크학파와 서남학파의 '신칸트주의'는 지평을 확장하며 20세기 초 중요한 흐름으로 여겨진다. 칸트로 돌아간 신칸트주의의 특징은 다음과 같다. 신칸트주의는 인식론(인식비판)을 철학의 중심에 놓는다. 이에 제도로 객관화된 모든 문화적(법적, 사회적, 미학적, 종교적) 주장뿐만 아니라 모든 과학적 지식의 타당성 조건(칸트가 말한 가능성의 조건들)을 탐구하는 것을 철학의 과제로 삼는다. 여기에는 인간 인식의 경험적(심리학적, 사실-기술적) 이해에 대한 비판도 포함된다. 더 나아가 신칸트주의는 과학과 문화의 모든 영역에서 타당성 문제와 원리 문제를 방법론적으로 명백하게 성찰한다.

마르부르크학파는 누구보다 코헨과 나토르프, 카시러에 의해 주도된다. 헤르만 코헨(1842~1918)에 따르면 철학은 학문이라는 사실 속에서 경험과 행동의 선험적 전제들을 설명해야만 한다. 이 원리를 코헨은《순수 인식의 논리학Logik der reinen Erkenntnis》(1902)에서 검토한다. 《순수 의지의 윤리학Ethik des reinen Willens》(1904)에서는 법학과 정치학의 원리를 다루며 인류와 윤리적 사회주의 개념의 실현이라는 규범적 관점을 구상한다.《순수 감정의 미학Ästhetik des reinen Gefühls》(1912)에서는 인간 본성에 관한 순수 사랑을 기반으로 삼는다.《유대교에서 유래한 이성의 종교Religion der Vernunft aus den Quellen des Judentums》(1919)에서는 칸트의 종교철학을 문화적 진보의 영원성에 대한 도덕적 믿음이라고 생각한다. 칸트를 넘어 직관과 사유의 이원론을 비판하는 사유 방식은 코헨의 특징을 보여준다.

파울 나토르프(1854~1924)는 마르부르크대학에 있는 동안 하이데거와 많은 논의를 나눴으며,《플라톤의 이데아론Platons Ideenlehre》(1903)을 출간하며 알려지기 시작했다.

에른스트 카시러(1874~1945)는 말년에 보여준 독자적 행보에 주목해야 한다. 코헨의 제자 카시러는 초월적 형식에 따른 구성에 관한 칸트의 사유를 확장한다. 카시러는 개념적으로 공식화된 인식뿐 아니라 모든 인식을 대상으로 삼는다. 그러기 위해 (모든 인식과 관련된) 절대적 아프리오리 외에 그때마다 특수한 맥락에서 적용되는 상대적 아프리오리를 생각해낸다. 카시러는 또한 칸트의 정적인 이성 비판을 동적·절차적 문화 비판으로 확대한다. 카시러는《근대 철학과 과학의 인식 문제Das Erkenntnisproblem in der Philosophie und Wissenschaft der neueren Zeit》(전4권, 1906, 1907, 1920, 1950)와《실체 개념과 기능 개념Substanzbegriff und Funktionsbegriff》(1910)을 연구한 뒤《상징형식의 철학》(전3권, 1923, 1925, 1929)에서 상징의 동물인 인간이 실천하고 사고를 조직하는 원리들을 재구성해 체계적으로 전개한다. 인간은 상징을 모든 차원에서 사용하는 생명체다. 개념적 사고와 말하기는 단지 더 포괄적이고 상징적인 표본의 특수한 예일 뿐이다. 카시러는 상징을 기본적으로 3가지 기능으로 나눈다. 첫째, 신화와 종교의 세계를 구성하는 표현 기능, 둘째, 일상언어의 세계를 구성하는 서술 기능, 셋째, 개념과 과학의 세계를 구성하는 표의 기능이다. 카시러는 상징형식의 이러한 방식을 통해 포괄적 문화철학의 토대를 마련한다. 카시러는 1919년에서 1933년까지 함부르크대학 교수로 있었다. 1933년 독일을 떠날 수밖에 없었던 카시러는 영국과 스웨덴에서 잠시 생활한 뒤 미국으로 이주해 정착한다. 미국에서는 예일대학과 뉴욕대학에서 교수 생활을 한다. 《인간이란 무엇인가》(1944)에서 카시러는 자신의 문화철학적 접근 방식을 이해하기 쉽게 요약한다.

### 서남학파

서남학파는 빈델반트와 리케르트, 라스크에 의해 주도된다. 빌헬름 빈델반트(1848~1915)는 칸트를 넘어 광범위하게 과학 이론의 토대를 마련하고자 연구를 전개한다. 빈델반트에 따르면 자연과학이나 수학은 보편 법칙을 찾아내는 '법칙 정립적nomothetisch' 학문이며, 정신과학이나 문화과학은 개별적 사실, 그중에서도 역사적 사실을 찾아내는 '개성 기술적idiographisch' 학문이다. 실천철학에서 빈델반트는 인간 문화의 토대를 만드는 도덕적 가치의 타당성에 대한 주장을 분석한다.

하인리히 리케르트(1863~1936) 역시 이와 비슷한 생각을 《자연과학적 개념 형성의 한계》(1896)와 《문화과학과 자연과학》(1899)을 통해 전개한다.

에밀 라스크(1875~1915)는 빈델반트와 리케르트의 탁월한 제자였지만 제1차 세계대전 중에 사망한다. 라스크는 초월철학의 논리적 전제들을 철저하게 되묻는다. 라스크의 이 같은 사유 방식은 《범주론과 철학의 논리: 논리적 형식의 지배 영역에 관한 연구Die Logik der Philosophie und die Kategorienlehre. Eine Studie über den Herrschaftsbereich der logischen Form》(1911)와 《판단론Lehre vom Urteil》(1912)에서 잘 드러난다. 라스크는 '범주들의 범주'를, '형식들의 형식'을 묻는다. 라스크의 사상은 근본적으로 비역사적이고 정적인 시간을 초월한 관념론에 맞서 인간 인식과 범주의 역사성을 강조한다. 라스크는 추상적 보편성(예를 들어 법규범)에 대하여 개체와 개별적인 것의 환원 불가능한 비합리성을 문제로 제기한다. 라스크는 또 체계적인 철학적 인식에 대해서는 삶과 삶의 범주적 이해 과제를 주제화한다. 이를 통해 라스크는 생철학을 제시한다. 그리고 더 나아가 존재가 인식주체에 어느 정도 앞서는지 묻고 "대상의 초월성"과 "물질의 논리적 환원 불가능성"을 언급할 수 있는지 묻는다. 라스크는 논리적 형식의 주체와 무관한 타당성이 너무 강력해져 초월적 논리학이 점점 더 새로운 존재론이 되어가는 경향이 있어 판단의 근본 형식이 '논리적 신화학'에 근접하고 있다고 한다. 따라서 라스크는 철학적 언어의 논리적 위상을 묻고 또 미래로 가는 문제의 지평을 열어놓는다. 에른스트 블로흐는 이런 라스크를 두고 "칸트주의의 소리 없는 폭발"이라고 하며 "그는 니콜라스였지만 아직 산타클로스는 아니었다"라고 강하게 언급한다. 실제 라스크의 사유에는 체계적으로 문제가 있는 징후들이 다발로 묶여 있었는데, 20세기 철학사는 이러한 문제들을 해결하려는 노력들(역사 해석학, 사회학 방법론, 기초 존재론, 실존분석과 존재의 역사, 네오마르크스주의와 유물론 비판, 논리경험주의와 언어철학)로 이어진다. 라스크는 신칸트주의의 헤겔화를 실행하며 철학적 범주 자체의 역사, 즉 사변철학의 역사를 논리적으로 제시하는 것으로 주요 작업들을 마무리하고 존재의 역사에 대한 하이데거의 성찰을 예고한다. 하이데거는 자신의 지적 여정을 담은 《현상학으로 간 나의 길Mein Weg in die Phänomenologie》(1963)에서 라스크를 프란츠 브렌타노나 후설보다 우위에 놓는다. 새로운 연구에 따르면 비합리성 문제에 관한 라스크의 논의는 그와 매우 가까운 사이였던 막스 베버의 방법론에 본질적인 부분이 된다.

근본 문제는 개별적인 것이 어떻게 연역적으로 일반 가치에 종속될 수 있느냐다. 이 문제는 당시 막 대두한 사회학, 역사학, 법학의 과학론적 문제에 초점을 맞춘 것이었다. 라스크는 인간의 삶을 후기 낭만주의의 시적 방식으로 언급하는 대신 체계적인 근본 문제의 정확성을 유지한다. 라스크에 따르면 플로티노스의 신플라톤주의적 접근법을 제외한 서구의 존재론에서 범주는 오직 감각 영역을 위한 것이지 인간의 삶과 자기 이해와 같은 '초감각적' 범주를 위한 것은 아니었다. 비경험적인 것의 범주론이라는 과제는 현전성現前性의 존재론에 대한 비판으로 하이데거를 이끈다. 라스크의 유물론적 사유는 네오마르크스주의로 이어진다. 하이델베르크에서 라스크는 게오르크 루카치와 친구가 된다. 라스크의 여동생 베르타는 공산당 지하활동가이자 표현주의 선전 드라마를 쓰는 작가였다. 라스크가 수행한 심리학주의의 타당성 개념에 대한 날카로운 비판은 프레게와 후설에 의해 생성된 현상학과 연관을 맺었고 논리적 원형 형식에 대한 반성을 통해 비트겐슈타인의 초기 논리 분석과 관계를 맺는다. 라스크는 신칸트주의가 지닌 혁신적이고 체계적인 잠재력을 집대성했으나 이른 죽음을 맞으며 업적도 대부분 잊혔다.

## 생철학과 대화철학

'생철학'은 신칸트학파와 나란히 19세기에서 20세기로의 전환기에 또 다른 흐름을 형성한다. 프랑스에서 앙리 베르그송(1859~1941)은 생의 근원적 중심인 엘랑 비탈élan vital(생의 비약)이라는 이론(《창조적 진화》, 1907)을 제시하고 1927년 노벨문학상을 받는다. 폭넓게 영향을 미친 베르그송주의는 다윈주의와 자연과학의 분석을 넘어 생의 근간이 되는 잠재력을 사유한다. 그리고 이와 함께 '생의 내적 흐름'을 자각해 창조적 지속durée creatrice의 시간을 사유한다. 이는 내적으로 인간의 생을 진정성 있게 이해하려는 것이다.

빌헬름 딜타이(1833~1911)는 칸트의 이성 비판을 역사 이성 비판으로 확대하고 발전시킨다. 딜타이는 아우구스트 뵈크와 레오폴드 폰 랑케, 프리드리히 아돌프 트렌델렌부르크 등 당대 대가들과 함께 역사, 고대학, 철학, 신학을 공부했다. 이성의 한계와 유한성을 분석하고자 이성 비판을 역사로 확장하려 할 때면 생소한 생의 형식을 이해할 수 있는가 하는 근본적 문제가 제기된다. 이러한 이해 문제에 관한 특정한 인식론이 해석학이다. 딜타이는 생의 해석학에 도달한다. 딜타이는 "생의 뒤로 넘어가는 인식은 없다"라고 주장하면서 결국 그 근거가 "비합리적 사실성"인 비관적 생의 범주론을 구상한다. 딜타이에 따르면 "오늘날 인간 실존에 관한 분석은 우리 모두를 무기력, 어두운 충동의 힘, 어둠과 환각에 대한 고통, 생의 유한성으로 몰아" 넣어 생의 중심 범주는 취약하고 나약하고 타락할 수 있다. 생의 시간에 기반을 둔 이 같은 관점은 딜타이를 모든 세계관의 역사적 조건을 인식하게 하는 상대주의적 세계관으로 이끈다.

게오르크 지멜(1858~1918)은 사회학 창시자의 한 사람으로 생철학을 사유의 중심에 두고 발전시킨다. 이를 위해 지멜은 칸트, 다윈, 니체의 접근 방식을 수용한다. 오늘날 연구를 통해 인간과 인간이 하는 사회생활은 생물학적으로 설명할 수 있는 종種의 역사적 결과로 여겨지고 있다. 이에 반해 철학(특히 칸트)은 인간을 자유롭고 자율적인 존재, 즉 자연의 조건에서 자유롭게 책임감으로 정의의 왕국을 창조할 수 있는 존재로 생각한다. 인간의 생에 관한 과학적 탐구는 도덕과 어긋난다. 학문은 선에 대한 약속도 없이 예속성만 드러낼 뿐이기 때문이다. 한편 인간이라는 포유동물의 유아기는 지나치게 길고 혼자 두면 죽을 수 있으므로 도덕이나 법과 같은 보호 장치가 필요하다. 인간 세계를 비하하는 이러한 생각은 냉소적 기능주의를 떠오르게 한다. 이에 반해 도덕은 진실성과 자유를 근거로 무조건적 판결을 실행한다. 이처럼 다윈과 칸트는 생철학의 중심에서 팽팽히 맞선다.

지멜은 이러한 긴장 관계를 종교철학이라는 틀로 일목요연하게 정리한다. 종교는 고난과 불안, 고통에서 생겨나지만 이와 별개로 존엄성과 진리의 표시이기도 하다. 거름 구덩이에서 장미가 꽃을 피운다 해도 그 아름다움은 훼손되지 않는다. 지멜은 19세기 비극적 염세주의(쇼펜하우어)의 영향을 받아 사회적 조직 형성의 극단적 취약성과 불안정성을 민감하게 분석해낸다. 지멜이 다룬 생의 비극적 형식은 마르크스의 혁명론과 한 짝을 이루는 후기 부르주아사회를 꿰뚫어 본다. 특히 지멜의 《돈의 철학》(1900)은 '관계'의 부르주아 이론으로서 마르크스의 자본 분석에 대응하고자 내놓은 결과물이다. 지멜은 말년에 저술한 《인생관: 4개의 형이상학적 주제Lebensanschauung. Vier metaphysische Kapitel》(1918)에서 생의 비극적 형식을 파악한다. 이 책에서 지멜은 생의 초월성을 포착해 "삶은 더 많은 수명을 원한다" 하지만 "삶은 수명 이상의 것이다"라는 생의 2가지 원칙을 말한다. 다윈과 니체 그리고 칸트 사이에 존재하는 양가감정은 지멜의 비극적 문화철학의 핵심이며 실존적 형이상학으로 나타난다. 생은 항상 생을 초월해야 한다. 그래야 생을 이어갈 수 있기 때문이다. 따라서 부르주아의 결혼이라는 제도는 성과 사랑에서 비롯된 것이고 기독교는 예수의 극적 생에서 비롯된 것이라 할 수 있다. 지멜은 귀중한 도자기를 수집했다. 한번은 베를린 강연

(이 강연은 제국 수도의 문화 행사로 여겨진다)에서 지멜은 수천 명의 청중 앞에서 수묵화가 그려진 중국 도자기 그릇을 가지고 다음과 같은 이야기를 했다고 학생들은 전하다. 지멜은 도자기에 있는 수묵 새김의 순간적 생명 운동을 지적하고 불 땜의 행위, 즉 형태를 아로새기는 행위에서 이런 흐르는 순간의 궁극적 고정을 지적했다. 지멜은 도자기처럼 부서지기 쉬운 물체로 유동성과 고정성 사이의 긴장, 생의 역동성과 객관적 형식의 고정성 사이의 긴장을 설명했다. 이처럼 지멜의 사유는 긴장성을 밝히는 것으로 특징지어진다.

마르틴 부버(1878~1965)와 프란츠 로젠츠바이크(1886~1929)의 대화철학은 소통을 위한 대화라는 상호작용을 윤리학과 종교철학의 중심에 둔다. 《나와 너》(1923)에서 부버는 대화를 나누는 인간관계를 인간이 하는 모든 행위의 토대라고 본다. 인간과 신의 관계 또한 유대교의 성서적 전통을 배경으로 대화를 나누는 관계로 간주한다. 로젠츠바이크는 부버와 함께 《구약》을 독일어로 옮기고 대표 저술 《구원의 별Der Stern der Erlösung》(1921)에서 기독교와의 논쟁을 통해 대화식 유대철학적 신학을 발전시킨다. 로젠츠바이크는 지금 이 순간의 의미와 소통의 생생하고 현실적인 경험을 포착하여 언어와 시간의 관계를 사유한다.

신칸트주의에서 생철학, 대화철학으로 이어지는 흐름에서 각 사유는 크게 차이가 나지만 여러 면에서 상호 연결되어 있다. 이러한 상호 연결성은 무엇보다도 제2차 세계대전을 통해 부차적으로 진행되었던 이후 흐름에서 특히 두드러진다. 나치는 인종주의적 이데올로기와 정책을 펴 유대교의 계몽주의적 전통을 단절시켰고 이로 인해 독일철학의 발전은 위기를 맞는다. 주요 철학자 대다수가 유대인이었기 때문이다.

### 개별 과학과 철학의 상호작용

20세기 철학에서 과학사의 과정은 특히 중요하다. 철학에서 심리학과 사회학이 분리되었기 때문이다. 고대 그리스에서 철학이 출현한 이래로 꾸준히 개별 과학들, 예컨대 물리학이나 정치학, 경제학, 동물학 등이 철학에서 분리되어 나왔는데, 20세기로 접어들면서 분리된 것이 심리학과 사회학이다. 두 개별 과학의 분리는 현대의 이행에서 심오한 변화와 관련이 있다. 우선 인간은 스스로 실증적 탐구 가능성과 함께 점점 더 사유와 과학의 중심에 선다.

그리고 이런 변화 속에서 도시는 커지고 생산과 노동이라는 관계가 설정되고 국제적으로 연결되자 인간의 삶과 이해 조건에 대해 사회가 복잡해지고 중요해지고 있음을 의식적으로 경험하게 된다. 그 결과 사회 자체가 특정 학문으로 다뤄져야 한다는 생각에 이른다.

일찍이 헤르만 로체(1817~1881)는 《의학적 심리학Medizinische Psychologie》(1852)에서, 구스타프 테오도르 페히너(1801~1887)는 《정신물리학 요소Elemente der Psychophysik》(1860)에서 자연과학적으로 심리학에 접근한다. 철학자이자 심리학자인 빌헬름 분트(1832~1920)는 라이프치히에서 최초로 실험 심리학 연구소를 설립했다. 심리학은 분트와 프로이트의 특별한 영향 아래 정신분석의 독자적 실천과 이론으로서 철학에서 분리된다.

철학에서 사회학이 분리된 까닭은 고대(특히 아리스토텔레스 이후)부터 사회를 주제로 한 전통 철학 분야(윤리, 정치, 경제)가 작은 도시를 그 대상으로 삼았기 때문이다. 근대의 세계사적 발전은 규모의 극심한 변화를 초래했고 인구가 수백만에 이른 도시들이 등장하자 근대 사회는 전적으로 새로운 문제에 직면한다.

오귀스트 콩트(1798~1857)와 에밀 뒤르켐(1858~1917)은 독일의 마르크스와 마찬가지로 프랑스에서 이론과 참신한 개별 분석을 제시한다. 예를 들어 뒤르켐은 노동 분업과 자살, 종교를 사회학으로 설명한다.

사회의 관점에서 《돈의 철학》을 쓴 게오르크 지멜은 《사회학Soziologie》(1908)을 통해 철학적 개념의 사회학을 정립한다. 게오르크 지멜의 사회학은 투쟁이나 경쟁, 우정과 같은 사회적 삶의 형식을 초시간적인 것으로 생각했기 때문이다. 초월철학의 근본 문제를 사회로 확장하는 사회적 분화와 상호작용 이론이 지멜 사회학의 핵심이다. 그렇다면 이는 어떻게 가능할까? 지멜은 형식사회학으로 사회화의 일반 기본 형식을 탐구한다. 사회의 생존과 안정을 유지하는 기능들은 다양한 차원에서 지속되는 역동적 변화에 따라 유지될 수 있다. 하지만 안정화 행위는 끊임없는 불안정성과 혁신에 대한 강요로 변한다. 이렇게 형성된 비극적 형식에서 마르크스의 혁명 이론에 대한 부르주아적 대응을 볼 수 있다.

철학자이자 사회학자인 페르디난트 퇴니스(1855~1936)는 순수(이론)사회학과 응용(역사)사회학을 구별하는데, 전자는 구성적으로 체계적 개념을 연구하고자 하고 후자는 연역적으로 사회적 발전을 규범적 관점에서 설명하고자 한다. 퇴니스는 경험적 사회학도 구분하는데, 이는 귀납적으로 개별 현상을 탐구한다. 퇴니스는 《공동사회와 이익사회》(1887)에서 순수사회학의 기본 개념을 철학적으로 심화한다.

막스 베버(1864~1920)는 '이념형Idealtypus'으로 사회 현실을 설명하는 독자적 이론으로 사회학을 창시한다. 문화 비교 연구로 법, 국가, 경제 및 지배의 다양한 '이념형적' 특징들을 밝혀낸다. 베버는 《경제와 사회》(1921)에서 근대를 구성하는 합리화 과정을 서술하는데, 모든 삶의 영역에서 산업사회 발전을 검토하고 이제는 고전이 된 명제인 '세계의 탈주술화'라는 말을 고안해 그 특징을 보여준다.

철학에서 심리학과 사회학이 분리되면서 현대 철학은 새로운 상황을 맞는다. 한편 각 분야는 다양한 방식으로 상호작용하고 연결, 대립하며 발전한다. 그러나 심리학과 사회학 기본 개념들(영혼, 정신, 사회, 공동체)은 방법이 문제로 남았고 철학적 성찰을 요구했다. 철학은 심리학과 사회학의 연구로 그 위상이 바뀔 때마다 자기 성찰을 해야 했기 때문이다.

# 2. 철학적 인간학

**인간은 세계를 향해 열려 있다—셸러**

전통 철학은 흔히 정신, 신체와 영혼, 자유, 개인, 인격, 주체, 자기의식을 논하면서 인간을 주제로 삼는다. 명확하게 인간학적으로 접근하기보다 인간을 포괄적 그리고 초월적 맥락에서 다룬다. 형이상학에서는 존재 질서, 신학에서는 신의 창조 질서, 역사철학에서는 진보나 퇴보의 역사에서 인간을 말한다. 자연이나 진화, 유전학에서 인간은 인간 이하의 존재가 된다. 언어나 이성, 윤리적 범주는 삶의 현실에서는 단지 선택적으로만 인간을 규정하는 데 영향을 미친다. 철학에서 인간에 대한 이러한 '부재'는 성찰과 이론 형성에서 해결되지 않은 인간학적 토대와 함의가 잠재되어 있음을 의미한다. 20세기 초 독일에서 인간에 대한 물음이 명확한 주제로 떠오르며 이를 해명하는 중요한 진척이 있었다. 이는 철

학적 인간학이라는 독자적 학문으로 나아갔고 그 중심
에는 셸러, 플레스너, 겔렌이 있었다.

막스 셸러(1874~1928)는 철학적 인간학과 관련하여《우
주에서 인간의 지위》(1928)에서 다음과 같은 단계 혹은
층위의 형식으로 인간의 심리 계층 구조를 구상한다.

(1) 감정 충동
(2) 본능
(3) 연상 기억
(4) 실천 지성(선택 능력)

셸러에 따르면 이 4단계는 생명체나 유기적 자연의
계층 구조로 모든 식물과 동물에 해당한다. 셸러는 생
에 전적으로 다른 원리로 정신을 대립시킨다. 인간은 정
신에 의존하여 자연 상태에서 완전히 벗어난다. 셸러의
인간학은 자연적·생물학적 충동과 개별화된 정신의 인
격을 전체적으로 구상하고 파악하여 충동과 정신을 인
식하고 융합하려 한다. 셸러는 제1차 세계대전 이후 불
확실하고 위협받는 생의 중심에서 새로운 인간의 자기
확신에 도달하기 위해 인간학을 구상한다. 자연과학, 경

험심리학, 유전학, 진화론 등의 개별 과학은 인간을 연구 대상으로 삼지만 총체적 관점이 아닌 개별적 관점만을 취한다. 이에 셸러는 우주에서 인간의 특별한 위상을 파악하고자 한다. 고대부터 인간은 안전과 관련하여 동물의 본능과 비교해 결핍과 결함이 강조되어왔다. 이에 셸러는 정신적 존재로서 인간을 내세운다.

셸러는 현상학적으로 흥분 상태에서의 감정 충동을 중심이 없는 무의식적 충동으로 파악한다. 무의식적 충동은 가장 순수한 형식으로 식물을 비롯해 동물, 인간에 이르는 모든 유기체에 공통으로 나타난다. 흥분 상태에서 감정 충동은 본능적 관심으로 발전해 격정에 이른다.

본능은 주요 자극에 반응하는 선택적 행동 양식이 있는 동물에 해당한다. 본능은 종마다 고유의 환경에서 동물이 생명을 유지하는 행동을 할 수 있게 한다. 인간에 대입해보면 고대부터 강조된 인간의 강점과 약점이 분명히 드러난다. 인간은 동물의 본능적 메커니즘에서 벗어났지만 극복해야 할 '본능에 허약'한 측면이 있어 방향을 설정하는 데 불확실성이 생긴다. 충동 과잉의 형식은 도를 지나친 잘못된 행위로 이끌 수 있고 가끔

억제와 억압이 결합해 사회적·문화적 승화를 요구한다.

연상 기억은 본능과 밀접한 관련이 있다. 연상은 선천적 필요에 부응하고 습득한 습관을 따르지만 이미 본능적 행동의 경직성을 뛰어넘는다. 모방 행동은 인간과 동물 개체 발생과 사회화에 필수며, 스스로 행동을 재연하는 능력 역시 마찬가지다.

마지막 단계인 실천 지성(선택 능력)은 곧 예견이나 통찰하는 능력으로 나타나는데, 이는 유기적이지만 생산적이다.

셸러는 이렇게 4단계로 생물의 심적 영역을 파악한다. 그러나 셸러에 따르면 우리 인간은 정신이라는 특정한 영역에 이른다. 인간은 정신으로 동물과 식물, 즉 유기체적 한계에서 벗어나 세계를 향해 열려 있게 된다. 인간은 충동이나 욕구와 무관하게 사물의 상재相在 Sosein(그렇게 있음)를 파악할 수 있다. 이러한 객관성은 세상과 거리를 갖고 대상을 인식하게 한다. 이 맥락에서 셸러의 유명한 개념이 등장한다. 셸러는 인간만이 "'아니오'라고 말할 수 있는 존재"라고 규정한다. 즉 인간은 현실을 거부하거나 거절할 수 있다. 이러한 의미에서 정신은 부정할 수 있는 능력이며 '삶의 금욕자'일 수 있다.

셸러에 따르면 정신은 본능과 충동에 무력하지만 프로이트가 주장한 바와 같이 배제와 승화를 통해 그 힘을 간접적으로 보존한다. 셸러의 인간학은 역사적으로 자신을 전개하는 정신의 이런 차원을 형이상학적으로 신이 되는 개념과 연관 짓는다.

### 인간은 탈중심적으로 산다–플레스너

헬무트 플레스너(1892~1985)는 《유기체의 단계와 인간 Die Stufen des Organischen und der Mensch》(1928)에서 완전히 새로운 철학적 인간학을 발전시킨다. 1923년 플레스너는 이미 《감각의 통일성: 정신의 감성학 개요Die Einheit der Sinne. Grundlinien einer Ästhesiologie des Geistes》에서 인간의 다양한 감각 특성(시각, 청각, 후각, 미각, 상태 감각)을 체현되고 육화되고 행동화된 특성으로 보았다. 플레스너에 따르면 감각은 신체와 정신을 매개하는 영역을 형성한다. 감각은 복잡한 사회적·문화적 삶의 상황에서 무엇인가를 이해하려 할 때 비로소 '생명력을 얻는다.' 감각은 문화적 의미 부여에 향해 있고 인간 정신은 구체적이고 신체적인 감성화Versinnlichung에 의존한다. 플레스너의 분석은 신체와 감각을 주제로 삼지 않는 전통 철학을 비판할뿐더러 감각을 객관주의와 환원주의로 다루는 인간과 관련한 모든 자연과학적 접근에 반대한다.

플레스너의 《유기체의 단계와 인간》에서 핵심은 단계 개념이다. 플레스너에 따르면 중심이 없는 식물의 조직 형식은 개방적인 반면 동물과 인간의 조직 형식은 닫혀 있다. 동물은 시공간에서 '중심적으로' 사는 반면, 인간은 '탈중심적으로' 산다. 플레스너의 핵심 테제는 인간은 그때그때 지금과 여기의 '중심'으로 산다는 것이다. 닫힌 중심 형식과 달리 인간은 탈중심적 생명 형식, 즉 탈중심적 입지성을 보여준다. 이를 통해 인간은 자신과 거리를 취하고 성찰하고 행동을 계획하고 창의성과 기술을 발휘하고 위험에 처하기도 한다.

하이데거가 분석했듯이 인간은 자신의 가능성을 구현하고 자신과 함께 있으면서도 자신을 벗어나 셸러의 말처럼 부정할 수 있는 능력이 있다. 하지만 셸러의 분석과 달리 정신성은 기획되지 않으며 인간은 성찰할 때도 시공과 신체에 속박된다. 플레스너는 《웃음과 울음 Lachen und Weinen》(1941)에 관한 전형적인 현상학적 개별 분석에서 탈중심적 입지를 특히 중요하게 표현하는 신체적 '핵심 현상'을 탐구한다. 인간은 시공과 무관하게 무無 안에 위치한다는 부정적 견해는 하이데거의 분석과 이후 사르트르의 생각과 일맥상통한다. 그 결과 인간 실존의 모든 차원에서 이중 관점이 나타나는데, 우리는 신체를 소유하지만 바로 그 신체이기도 하고 여러 사물 중 한 사물에 불과하면서도 내부 세계와 외부 세계에서 하는 경험에 관계하는 절대 핵심이다. 플레스너에 따르면 우리는 공통적이고 사회적이고 소통적인 '사회적 세계Mitwelt', 즉 우리 세계에서 비로소 우리 자신이 될 수 있다.

이를 바탕으로 플레스너는 인간학의 3가지 원칙을 제시한다.


⑴ 자연적 인위성의 법칙
⑵ 매개된 직접성의 법칙
⑶ 유토피아적 입지성의 법칙


자연적 인위성은 인간이 자연적 삶의 기초 조건을 바탕으로 무언가를 형성하고 창조적으로 활동함을 의미한다. 인간은 헤르더("한 차원 높은 허약성")나 니체("병든 동물"), 겔렌(타고난 "결함투성이") 등과 같은 부정적·비관적 인간학자가 가르치는 것과 달리 비록 일반적으로 자연 조건 아래서긴 하지만 삶을 자신의 법칙에 따라 생산적으로 이끌어간다.

매개된 직접성의 법칙은 탈중심적 테제를 인간의 표현 행위, 즉 표현성과 관련시킨다. 우리가 '내부에서' 느끼고 경험하고 지각하는 모든 것은 우리 자신과 타인을 위해 어떤 표현에 도달해야만 하고 또 명확히 드러내야만 하며 보여져야만 한다. 이는 헤겔의 객관 정신에 바탕을 두고 있다. 이런 필연적 표현 행동에 따라 인간 의식은 의도, 목적, 소망을 포함하여 역사에서 자신의 지향성Intentionalität과 함께 구체화된다. 이런 지향성은 자연의 중심에서 예술로 지각되고 발전되어야 하는 인간 실존의 표현이다. 유토피아적 입지성은 인간의 탈중심적 입지를 위해 한 번 더 지적하는 양식이다. 인간적 삶의 상황은 열려 있고 불확실하며 그렇게 머물러 있다. 우리는 자신을 객관화할 수 있는데 특히 현대 과학을 매개로 해서 그럴 수 있다. 세계와 존재에 대한 자기 객관화는 전통적으로 형이상학이 신과 관련해 시도한 것이다. 하지만 우리는 그 관점을 수용하려 노력함으로써 우리 자신을 절대적인 곳, 즉 어디에도 없는 곳('우토포스 u-topos')에 두어야 한다.

《권력과 인간 본성Macht und menschliche Natur》(1931)에서 플레스너는 정치를 인간학적으로 탐구하고 분석하기에 이른다. 플레스너는 이미 《공동체의 한계들》(1924)을 통해 당시 독일에서 사회 공동체에 대한 이데올로기적 이해가 비약하는 데 유감을 표하며 저항한 바 있었다. 탈중심성의 인간학을 근거로 하여 플레스너는 사회적 조직 형식의 합리적 장점을 옹호한다. 플레스너에 따르면 거리 두기, 간접성, 조정 기관, 사생활 존중, 외교적 접촉 형식, 전략 등 이 모든 것이 직접성의 환상에서 벗어나 정치 문화를 가능하게 하고 용이하게 한다.

## 인간은 결핍 존재다—겔렌

아르놀트 겔렌(1904~1976)은 《인간, 그 본성과 세계에서의 위치》(1940)에서 셸러의 정신적 존재와 플레스너의 탈중심성을 채택하지 않고 독자적으로 접근한다. 겔렌은 인간의 행동과 실천을 이론의 중심에 놓는다. 즉 겔렌은 프래그머티즘의 기본 생각을 받아들인 것이다. 그리고 결핍 존재라는 용어를 사용해 생물학적으로나 유기체적으로 기능이 없는 인간을 분석 대상으로 삼는다.

동물은 자신의 방식대로 잘해나간다. 동물은 날고 헤 엄치고 달리고 관찰하고 듣고 냄새를 맡는다. 이런 동물 에 비해 우리 인간은 낯선 환경에 잘 적응하지 못한다. 겔렌에 따르면 인간은 본능적으로 불안정하고 유기적 으로 특화되지 않아 결국 형태학상 도구적 측면에서 봤 을 때 우리 신체는 원시적이다. 우리의 다른 삶의 조건 을 살펴보면 우리는 지속해서 자극('과도한 자극')들에 직 면하고 능력이 있음에도 때로는 어디로 가야 할지 모르 며('과도한 충동') 공격적 경향('준비된 공격성')이 있다. 이 에 인간은 긴장 해소가 필요할 정도로 큰 부담감에 시달린다. 여기서 겔렌은 제도론을 결핍의 인간학과 연결한다. 겔렌에 따르면 사회 조직의 형태나 제도는 인간 행동을 목적 지향적으로 기능화하고 안정화함 으로써 위험한 삶의 조건을 보상하고 질서를 부여하 고 구조화한다.

셸러가 특징지은 인간의 세계 개방성은 겔렌이 보기 에는 생물학적 결핍의 또 다른 표현일 뿐이다. 이 결핍 성에 근거하여 인간은 환경으로부터 압력과 행동해야 한다는 강요를 받고 있다. 인간은 평범하고 성인이 되기까지 긴 시간이 필요하다. 게다가 태어나서 수년간은 유아로서 완전히 무방비로 속수무책인 상태로 지낸다. 이 모든 생물학적 연구 실상은 인간이 결핍 존재라는 겔렌의 주장을 정당화해준다. 겔렌에 따르면 인간의 결핍은 인식 능력과 언어 능력 그리고 행위자로서 행위 형성 가능성으로 보완된다. 하지만 행위 가능성을 조절하고 현명하게 조정하기 위해서는 제도가 있어야 한다. 겔렌은 개인의 충동과 욕구의 사회화를 안정성과 지속성의 방향에서 자연에서 문화로의 질적인 전이로 이해한다. 이를 위해 필요한 행위는 문화에서 자존감과 '당위적 자질Sollqualität'을 얻는다. 따라서 겔렌의 분석은 아리스토텔레스와 퍼스, 듀이, 미드의 프래그머티즘으로 회귀한 행위 개념에 초점을 맞춘다. 인간의 신체 움직임과 언어 표현 행위, 성찰 능력, 지각, 체험들이 행위 개념에 해당한다. 겔렌에 따르면 "인간을 행위로 규정함은 어떻게 모든 게 인간적 기능과 활동의 연속되는 구성 법칙인지를 증명하는 것이고 이런 규정은 인간이 물리적 유기 조직임을 증명하는 것이다. 다시 말해 물리적으로 그렇게 구성된 존재는 단지 행위를 하는 존재로 살아갈 능력만 있으므로 신체에서 정신의 완성에 이르기까지의 모든 인간 성취에는 구성 법칙이 존재함을 증명하는 것이다." 행동이 사회적이고 안정된 문화 조직, 즉 제도로 전환되면 환경으로부터 받는 압력과 과도한 충동에서 벗어날 수 있다. 제도는 생산적으로 부담을 줄여준다. 이때 언어가 중심 역할을 한다. 언어는 '제도 중 제도'다. 행위는 상징적이고 언어를 매개로 표현되며 언어는 행동으로 이루어진다. 인간은 사회적 프락시스와 의사소통의 프락시스를 통해 기술 능력을 계발한다. 겔렌은 기술을 기관의 대체물로 본다. 기술은 결핍 존재들의 부담을 덜어준다.

겔렌의 제도론은 인간학과 생물학의 토대에서 사회 조직 형태를 발전시킨다. 제도는 행위를 안정화하는 이음새이자 동물적 본능을 더 높은 차원에서 완성한다. 겔렌에 따르면 고대에는 사회 문화와 종교의식이 이런 제도적 역할을 했다. 성찰에 앞서 사회 안정화를 무의식적으로 행한 것이다. 이와 달리 현대사회는 개별화 경향이 강해지고 위험에 처해 있다(《원시인과 그 이후 문화 Urmensch und Spätkultur》, 1956). 기능주의적·환원주의적 접근 방식은 겔렌의 인간학을 《기술 시대의 영혼Die Seele im technischen Zeitalter》(1957)에서와 같이 일관된 보수적 문화 비판으로 나아가게 한다. 여기서 겔렌의 분석은 한계를 명확히 드러낸다. 제도를 미화하고 있기 때문이다. 이를테면 경제, 국가, 과학, 예술은 비판과 토론으로 생명을 얻어 처음부터 발전한다. 이런 규범적·비판적·성찰적 관점이 인간학과 사회철학의 분석에 개입되면 칸트와 헤겔에서와 같이 단순화된 환원주의적 결론을 피할 수 있는 것이다.

# 3. 후설의 현상학

## 현상학의 선구자

에드문트 후설(1859~1938)이 창시한 현상학은 오늘날까지 세계적으로 영향을 미치고 있는 20세기 철학 사조 중 하나다. 국가사회주의자들은 국제적으로 인정받은 후설(프랑스과학한림원, 미국예술과학아카데미, 영국학술원 등 회원)을 1933년 강제 휴직하게 한다. 게다가 1937년 여든에 가까워진 후설은 프라이부르크대학 교단에 서는 것까지 금지당한다. 후설은 금지 통보 서류 뒷면에 자신의 철학적 생각을 적었다. 이러한 후설의 행동은 한편으로는 심각한 혼란 속에서도 이성을 향한 실존적 지향성을 보여주면서도 다른 한편으로는 인간이자 사상가로서 전형적인 작업 방식을 엿볼 수 있게 한다. 후설은 연필로 쓰면서 사고했다. 철학자 후설은 개별 문제에 지칠 줄 모르는 연구자였다. 후설이 평생 그리고 매일 작업한 철학의 증거와 유산이 벨기에 루뱅대학 후설아카이브에 유고로 남아 있다. 아카이브는 반 브레다 신부가 나치에 의해 소실될 위험에서 구출해낸 가벨스베르거의 속기 원고 4만 5000장과 방금 이야기한 금지 통보 서류 등을 보관하고 있다. 이 방대한 유고는 후설이 철학을 하는 데 있어 얼마나 엄격하고 성실했는지를 보여준다. 이 어마어마한 유고에서 우리는 후설의 강인하고 편집증적인 투쟁을 엿볼 수 있다. 현상학은 세계의 모든 현상을 그것이 무엇이든 그 본질을 제한 없이 분석하는 새로운 철학 방법론이다.

분트에게 심리학을 공부한 후설은 빈대학에서 수학으로 박사학위를 받았다. 후설은 할레대학에 교수자격 청구논문으로 제출한 《수의 개념에 관하여Über den Begriff der Zahl》(1887)가 통과되고 《논리 연구》(전2권, 1900~1901)를 처음 출간하면서 새로운 인식론을 구상한다. 1000쪽에 달하는 이 저작은 심리주의적 논리학과 경험적 이해에 맞서 순수논리학에 관한 5가지 핵심 논의를 펼친다.

⑴ 논리학 규칙들은 어떤 경험적 버팀목도 필요 없다.

⑵ 논리학은 필연적이다.

⑶ 논리학은 귀납에서 도출되지 않는다.

⑷ 논리학은 인과성에 종속되지 않는다.

⑸ 논리학은 사실과 관계가 없다.


후설은 특정 본질 법칙을 정립하기 위한 이러한 노력을 논리학에서 인간 인식과 행위에 관한 모든 분야로 확장한다. 이는 과학주의와 자연주의로 인간 사유 활동이 과학에 예속되는 데 대한, 상대주의·회의주의·비합리주의에 대한 의식적인 비판적 투쟁이기도 하다. 후설에 따르면 인간의 이성을 과학의 도구로 환원하는 것은 주관주의와 심리학주의의 기획에서 비롯된 위험하고 편협한 관점이다. 후설은 《엄밀한 학문으로서의 철학》(1911)에서 이러한 이성의 붕괴에 맞선다.

### 사태 자체로

1901년 괴팅겐대학 교수로 임명된 후설은 우수한 학생들과 함께 현상학을 구상하기 시작한다. 이때 후설은 "사태 자체로"를 현상학의 구호로 삼는다. 이 전설적 구호의 의미는 거창하지도 과장적이지도 않은, 순 독일식도 아닌 오히려 엄밀한 자기 규율과 적확한 방법을 요청하는 것이었다. 세미나에서 후설은 학생이 원대한 주장을 들고 오면 "잔돈으로 바꿔주세요"라고 말했다. 괴팅겐 시절은 가장 눈에 띄지 않는 작은 현상까지 포함한 모든 현상을 진정한 소여성의 지위로 고양했는데, 이는 특정한 일면적 이해로 현상을 다루는 모든 이론적 구성과 학문적 접근 방식 이전에 있는 것이다. 자명하지만 잊힌 것을 환기하는 작업은 후설이 에포케epoché(판단중지)라 명명한 관점의 급진적 전환을 필요로 한다. 이런 전환은 지금까지 타당하게 여겨온 모든 견해와 인식을 포기하는 것으로 간단히 정의할 수 있다. 모든 변수가 제거된 후에야 비로소 세계는 실제 구조를 비추는 빛을 받아 그 모습을 드러낸다. 그리고 마침내 세계를 주관과 객관으로 나눈 것이 애당초 잘못되었음이 밝혀진다. 그보다 세계는 대상 없는 의식이나 사물 그 자체로 분리할 수 없는 노에시스Noesis(의식 작용)와 노에마Noema(의식된 대상)의 상호 불가분의 관계로 이루어진다. 후설은 세계와 의식의 근간이 되는 구조를 지향성이라고 보았는데, 이는 스승 프란츠 브렌타노에게서 받아들인 개념이다. 의식 행위란 지향성으로 이루어진다. 그리고 모든 의식 행위는 충족을 지향한다. 우리는 무언가를 증오하고 무언가를 사랑하고 무언가를 바라고 무언가를 두려워하고 무언가를 보고 무언가를 생각한다. 의식 행위는 결코 이러한 최소한의 다양성에서 벗어나 순수 주관성으로 용해되거나 스스로 물화될 수 없다. 후설이 존재론에서 지금까지 철학 전통으로 각인된 주관과 객관의 이원론적 체계를 극복하는 것은 괴팅겐 시절에 이미 예고된 바 있었으며 그 결과는 상관관계 분석으로 나타난다. 이와 관련해 괴팅겐에서 분석 작업이 실행되기도 했다. 후설은 자신의 학생들에게 잉크병과 성냥갑을 연습 삼아 분석하게 했다. 강의에서 후설은 볼품없는 괴팅겐의 비탈을 기술했다. 후설의 학생이었던 라이나흐는 한 학기 내내 우체통에 관해 강의했다. 호기심을 유발한 것은 철저히 다루어졌다. 사물은 동적 사건으로 설명되었는데, 이때 대상의 소여 방식은 여전히 충족되지 않거나 공허한 지향성을 위해 충족 가능성으로 기술될 수 있었다. 각각 특정한 유형이 있는 가능한 경험 과정은 정확히 파악할 수 있었고 동적인 삶과 분리할 수 없음은 인식의 신체 아프리오리Leibapriori의 개념으로 완성되었다. 후설은 대상 지각의 전체성에 어떻게 도달할 수 있는지를 탐구했다. 각 대상은 복합성에서 이념으로, 인식(대상의 초월성)을 위한 무한한 과제로 나타난다.

후설은 괴팅겐 시절 지향성 개념과 함께 지평 개념도 체계화한다. 내적 지평은 대상 구성의 가능한 내적 지향적 과정의 충족으로 특징지을 수 있다. 외적 지평은 환경이다. 그 환경에서 현상 일반은 그 본질로서, 즉 자신 전체의 의미를 형성하는 맥락적 경계로서 자신을 보여줄 수 있다. 그리고 그 경계는 다른 더 폭넓은 지평을 향해 열린 채로 규정된다. 후설은 지향성과 지평 분석을 통해 지향적-지평적 인간 경험과 인식의 교환 불가능한 양상을 가진 인간 경험과 인식이 가능한 영역들(수의 영역, 공간 구성, 시간 구성, 신체 및 운동 감각적 구성 등)의 구상으로 이끌어간다. 현상학은 일상 경험의 진행 과정과 타당성의 함의를 기술적記述的으로 해명하고 초월적 영역 및 가능한 지향과 지평의 본질 과학이 된다. 당시 후설의 제자이자 동료였던 라이나흐는 다음과 같이 선언하며 현상학 운동에서 괴팅겐 시절을 정수라 꼽는다. "초월성의 영역은 매우 중요하다."

**"더 많이 본 사람이 옳다"**

후설이 괴팅겐에서 실행한 현상학적 의미와 타당성 분석을 보여주기 위해 다소 복잡한 예를 들어보자. 길에서 동전을 발견했다고 가정해보자. 반짝거리는 게 1유로인 듯하다. 곧바로 인식의 장 또는 의미의 지평(어떤 사람이 동전을 잃어버렸군)이 형성된다. 나는 동전을 집어서 주머니에 넣을 수 있다. 또 그 동전으로 무언가를 사고 만족할 것이다. 그 순간 나는 손을 뻗어 동전을 줍기 위해 허리를 굽히다 곧 실망한다. 그것은 1유로가 아니라 은색 병뚜껑이었다. 실망의 순간은 다음과 같이 설명할 수 있는데, 시간순으로 구성된 일련의 전제들을 의미한다.

(1) 실망했다. 동전을 향해 있던 원래 의도에 대한 실망이다. 그게 동전이 아니었구나 하고 부정적으로 확인된다.

(2) 반짝임은 1유로가 반짝이는 게 아니었다. 또 대상의 내적 지평에 주어진 시점視點도 다르다.

(3) 내가 동전을 발견한 곳에서 처음 본 것과 지금 본 것은 다른 어떤 것이다. 시각적으로 문제가 되는 것은 같지 않은 것을 동일시한 것이다.

⑷ 시각적으로 착각하게 한 것은 돈의 반짝임을 병뚜껑의 다소 흐릿한 반짝임으로 인식한 데 있다. 즉 이는 이미 착각하기 전부터 '현존'했다. 따라서 한번에 알아볼 수 있었던 것이다.

⑸ 실망의 경험은 새롭게 보인 현상의 특정 순간이 실망 전에 본 현상의 특정 순간과 일치한다는 의미다. 가령 돈의 반짝임은 병뚜껑의 흐릿함이 되었다. 원형이자 납작한 물체와 크기가 이에 상응하여 부합했다.

⑹ 실망의 순간 내가 착각으로 지금과 실망 속에서 그리고 실망한 이후에 뭔가 다르게 (다른 어떤 것을 보았다) 어떤 것을 본 것이 명백해졌다. 지금 나는 실망 전 병뚜껑을 지각하면서 의도적으로 다른 태도를 보였음을 분명히 말할 수 있다. 반성의 계기가 부가된 것이다.

⑺ 인식 자체에 대한 주제화가 바로 반성에 속한다. 동전은 단적으로 주어졌지만 내 인식은 실망을 통해 지금 관찰하고 촉각을 사용해 조사한다. 그것도 순식간에 이루어진다. 결국 지향성의 형식이 수정되었다.

⑻ 나에게 추정된 동전은 이전의 의도와 상대적인 것, 즉 오로지 의도와만 관련된 것임이 명백해진다.

⑼ 의도가 적합하지 않았음을 깨닫는다. 다시 말해

그것은 돈이 아니었음이 분명해진다.

(10) 이제 부적합함이 적합함이 되었음이 분명해진다. 이전에도 돈은 없었고 지금은 병뚜껑이 있는 것이다. 이는 변화 범주의 현상이거나 마법의 현상이다. 병뚜껑은 거기에 있었고 지금도 있다.

(11) 이로써 대상의 총체적 지평이 변했다. 1유로는 유용성의 지평에 존재했던 반면 병뚜껑은 무용성의 지평에서 하나의 쓰레기가 된다.

(12) 지금 나는 참된 현실과 관계하고 있고 이전 현상은 비현실성으로 떨어진다.

(13) 그런데도 나는 동전을 착각해 실제로 인식했다.

(14) 실망의 순간은 결국 같은 순간에 다시 새로운 착각에 빠지지 않음을 의미한다. 나는 지금 길 위에 무엇이 있는지를 안다.


인식 순간의 복합성에 대한 14단계 분석은 자명한 것과 은폐된 것을 기억하는 작업이 어떻게 초기 현상학의 중심이 되었고 어떻게 사람들을 매료시켰는지 명확히 보여준다. 매우 사소한 일상의 사건도 타당성 의미의 깊은 차원을 밝히는 것은 모든 형이상학 체계와 세계관 체계의 구성이 소멸한 후에 현실의 비밀을 되찾는 것과 같으며 그 분석은 엄밀하다. 이와 함께 세계를 배제하는 현상학적 관점의 거리 두기는 선입견을 제거함으로써 새로운 세계와 친숙함으로 안내한다. 따라서 분리할 수 있는 의식 행위와 대상 구조는 없으며 대상이 구성되는 의식 행위만 존재한다. 한마디로 노에시스와 노에마의 구분만 있는 것이다. 실재론이냐 관념론이냐 하는 문제는 더는 의미가 없어진다. 후설은 "더 많이 본 사람이 옳다"라는 구호를 제시한다.

## 생활 세계

후설은 《순수 현상학과 현상학적 철학의 이념》(1913)에서 생각을 좀더 발전시킨다. 모든 지향적 행위는 무엇을 전제하고 있어야만 하는지 그리고 모든 지평에 앞서는 포괄적 지평은 있는지에 대답하기 위해 초월론적 사유로 접어든다. 그리고 대답은 세계를 주제화하는 데 있다. 후설은 리케르트의 후임으로 프라이부르크대학 교수로 임명된다. 프라이부르크대학에서 후설은 《내적 시간의식의 현상학》(1893/1917), 《수동적 종합》(1918~1926), 《상호주관성》(1905~1928) 등 사후에야 정식 출간된 현상학에 대한 포괄적 분석을 시도한다. 연구들은 원고에서 거의 꿰뚫어 볼 수 없는 내적 복잡성으로 갈라져 있다. 후기에 후설은 또 다른 매우 혁신적인 철학적 업적을 달성한다. 후설은 생활 세계Lebenswelt라는 주요 개념으로 유럽 학문의 발전을 비판한다.

후설은 나치 정권에 굴욕당했지만 《유럽학문의 위기와 선험적 현상학》(1936)에서 현대 학문에 팽배해 있는 소외 경향을 분석한다. 후설은 이 작업으로 다시 한번 독일철학 내 유대 합리주의의 위대한 전통에 합류한다. 《유럽학문의 위기와 선험적 현상학》의 핵심 논제는 학문적 삶에 중요한 의미가 근대에 소멸했다는 것이다. 후설에 따르면 1930년대에 등장한 비합리주의뿐만 아니라 과학적 세계 문명에서 출발하는 위협은 더는 이성의 개념에 부합하지 않는다. 여기서 이성의 개념이란 자체 추론 불가한 사건으로 고대 그리스에서 맨 처음 '근원 정립'으로 생성된 것을 가리킨다. 과학 세계는 자기소외의 구조를 보여주는데, 본래 인간의 일상 실행으로 발생한 과학적 객관성이 학문 세계와 별 관련 없이 대립하고 그 세계를 파괴하려 한다. 여기서 초월론적 현상학의 과제가 정립된다. 그 과제는 객관주의적으로 인식된 즉자적 세계가 인간의 실행, 즉 생활 세계에서 연유된다는 사실을 보여주는 것이다.

'생활 세계'는 과학적 객관화에 앞서 인간 인식과 행동의 포괄적 지평을 말해주는 개념이다. 생활 세계를 망각한 현대를 향한 후설의 비판은 객관주의가 스스로 만들어낸 외피를 파괴하고 모든 학문에서 인간성의 토대를 상기시키려는 급진적 시도로 볼 수 있다. 《유럽학문의 위기와 선험적 현상학》의 작업은 이런 기본 생각과 함께 20세기 과학 이론과 과학 비판, 인간학, 역사철학 등에 지속해서 영향을 미친다. 생활 세계로 나아가는 길은 후설의 생애 전반에 닿아 있다. 논리학과 인식론의 심리학주의 비판이나 초월적 현상학의 정초는 정신사에서 빼놓을 수 없는 업적이다. 이런 업적을 통해 후설은 국제적 학파를 형성한다.

### 현상학의 수용과 발전

후설이 현상학의 물꼬를 트자 수많은 철학자가 그 뒤를 따랐다. 막스 셸러는 인격 현상학과 실질적 가치 윤리학을 발전시킨다(《윤리학에 있어서 형식주의와 실질적 가치 윤리학》, 1913~1916). 그리고 현상학을 종교철학으로 확대한다(《인간의 영원한 것에 관하여Vom Ewigen im Menschen》, 1921).
니콜라이 하르트만(1882~1937)은 현상학의 존재론적 이
해를 대표한다(《인식의 형이상학Metaphysik der Erkenntnis》,
1921). 모리츠 가이거(1880~1937)는 《미적 탐닉의 현상학
Phänomenologie des ästhetischen Genusses》(1913)을 구상한
다. 아돌프 라이나흐(1883~1917)는 논문 〈시민법의 선험
적 기초들〉(1913)을 발표한다. 에디트 슈타인(1891~1942)
은 《유한 존재와 영원 존재Endliches und ewiges Sein》(1950)
에서 후설의 현상학과 아퀴나스의 존재론, 아우구스티
누스의 형이상학을 종합한다. 빌헬름 샤프(1884~1965)
는 우리가 얽혀 있는 역사의 독창적 내러티브 현상학
을 구상한다(《역사에 연루됨: 사물과 인간의 존재에 관하여In
Geschichten verstrickt. Zum Sein von Ding und Mensch》, 1953).
마르틴 하이데거는 후설의 주요 제자로 교수직을 물려
받기도 한다.

현상학은 문헌학(로만 잉가르덴, 1893~1970)과 신학, 사
회학에 중요한 영향을 미친다. 사회학자 알프레드 슈츠
(1899~1959)는 현상학적 방법을 사회에 적용했다. 《사회
적 세계의 의미 있는 구성Der sinnhafte Aufbau der sozialen
Welt》(1932)에서 슈츠는 사회적 삶의 형식을 본질적 관점

에서 구조적으로 파악한다.

현상학이 초기에 국제적으로 영향을 미친 곳은 프랑스다. 후설은 1928년 파리에서 강의한다. 가브리엘 마르셀(1889~1973)은 《존재와 소유Être et avoir》(1935)에서 종교철학적 사유의 맥락에서 현상학을 수용한다. 사르트르는 인식론적 연구(《자아의 초월성》, 1936)를 통해 현상학을 비판적으로 수용한다. 현상학을 한발 더 나아가게 한 모리스 메를로 퐁티(1908~1961)는 《지각의 현상학》(1945)과 《보이는 것과 보이지 않는 것》(1986)에서 감각 경험을 신체에 초점을 맞춰 구조적으로 살핀다. 후설의 인식론을 연구하기도 한(《후설의 현상학에서의 직관 이론》, 1930) 에마뉘엘 레비나스(1906~1995)는 현상학을 통해 존재론적 윤리학을 발전시킨다(《존재와 달리 또는 존재성을 넘어》, 1974). 레비나스는 타자와 상호 인격적 관계인 동료 인간 Mitmenschen을 중심으로 존재론적 윤리학을 전개한다. 폴 리쾨르(1913~2005)는 해석학적, 이야기적 문제 테두리에서 현상학을 생산적으로 발전시킨다.

현상학은 영미권에서도 수용된다. 1929년 후설은 영국 《브리태니커 백과사전》의 '현상학' 항목을 기고한다. 그리고 1939년 국제현상학회가 뉴욕에서 창립된다.

# 4. 하이데거와 존재의 의미

## 하이데거의 생애

바덴주 메스키르히에서 태어난 마르틴 하이데거(1889~1976)는 1909년에서 1913년까지 브라이스가우 프라이부르크대학에서 철학과 가톨릭 신학을 공부한다. 하이데거는 1907년부터 이미 프란츠 브렌타노의《아리스토텔레스에 따른 존재자의 다양한 의미에 관하여Von der mannigfachen Bedeutung des Seienden nach Aristoteles》(1862)를 읽기 시작한다. 교리신학을 공부하던 중에 접한 스승 카를 브라이크의《존재에 관하여Vom Sein》와 후설의《논리 연구》에서 큰 영향을 받는다. 하이데거는 1913년 〈심리학주의의 판단 이론Die Lehre vom Urteil im Psychologismus〉으로 박사학위를 받는다. 하이데거는 〈둔스 스코투스의 범주론과 의미론Die Kategorien und Bedeutungslehre des Duns Scotus〉(1915)이라는 논문을 제출하고 '역사학의 시간 개념Zeitbegriff in der Geschichtswissenschaft'이라는 제목의 시범 강의를 해 프라이부르크대학 교수 자격을 얻는다. 하이데거는 초월철학과 당시 떠오르기 시작한 현상학에 몰두하며 특히 세계와 삶의 주요 개념을 숙고한다. 하이데거는 1920년부터 후설의 조교수로 활동한다. 그리고 1923년부터는 마르부르크대학에서 교편을 잡기 시작한다. 마르부르크 시절 하이데거는 열성적이었고 생산적이었다. 하이데거는 신학자 루돌프 불트만과 영향을 주고받으며 존재론과 해석학을 강의한다. 이때 한스 게오르크 가다머, 칼 뢰비트, 한나 아렌트, 한스 요나스가 하이데거의 강의를 듣는다. 20세기 기념비적 철학서《존재와 시간》을 저술한 시기도 이때다.《존재와 시간》은 1927년 후설을 기념하기 위한 논문집《철학과 현상학 연구 연보Jahrbuch für Philosophie und phänomenologische Forschung》에 발표한 논문이다. 하이데거는《존재와 시간》을 출간하고 후설에게 헌정한다. 당시 하이데거의 조교이자 제자였던 가다머는 "일거에 세계적 명성을 얻었다"라고 말하며 스승이 슈바르츠발트에 있는 오두막집에서 밤마다 이 책을 썼다고 회고한다. 1928년 하이데거는 후설의 후임으로 프라이부르크대학에 초빙되며 '형이상학이란 무엇인가?'라는 제목의 취임 강의를 한다(《형이상학이란 무엇인가?》, 1929). 하이데거는 존재와 시간을 연결하여 칸트의 초월철학을 비판하고 재구성하며 논제를 심화한다(《칸트와 형이상학의 문제》, 1929). 이 문제를 두고 하이데거는 신칸트학파인 에른스트 카시러와 다보스에서 유명한 논쟁을 벌이기도 한다.

1933년 하이데거는 국가사회주의 독일노동자당 NSDAP에 입당하고 프라이부르크대학 총장으로 선출된다. 하이데거는 취임 연설로 '독일 대학의 자기주장'을 설파하며 학생의 "노동 봉사, 군복무, 학문 봉사"를 촉구했다. 이런 이력을 근거로 하이데거는 1945~1951년까지 교수직 복귀를 금지당한다. 나치 시대 하이데거의 활동은 구분해서 봐야 한다. 그간 독일의 긍정적 발전에 대한 희망과 국가사회주의를 연계해온 하이데거는 1934~1944년까지 강의와 연구를 통해 독일관념론과 횔덜린, 니체에 몰두하는데, 이는 나치 이데올로기와의 비판적 거리 두기로 이해할 수 있다. 1951년 교수직에서 물러난 하이데거는 이듬해부터 수많은 사람이 주목한 강연과 세미나를 연다. 하이데거 철학은 '전회Kehre' 이전과 이후로 나뉜다. 전회 이후는 이전 철학과의 결별로 이해하는 게 옳을 것이다. 1966년 〈슈피겔〉과 대담에서 하이데거는 급진적이고 비판적인 자신의 후기 철학을 집약하며 "여전히 신이 우리를 구원할 수 있다"라고 말한다. 이 말을 기사 제목으로 한 〈슈피겔〉과 대담은 하이데거의 생전 바람대로 1976년에 공개된다.

## 인간에 대한 새로운 규정

《존재와 시간》이 중요한 철학서인 까닭은 무엇인가? 하이데거는 급진적이고 근본적인 2가지 질문을 던진다. 존재의 의미는 무엇인가? 왜 어떤 것은 존재하지만 무無는 존재하지 않는가? 하이데거에 따르면 고대에 철학이 출현한 이래로 존재의 의미를 묻는 질문은 단 한 번도 제기된 적이 없거나 제대로 묻지도 제대로 답하지도 못한 것이다. 존재의 근거를 묻는 두 번째 질문은 라이프니츠와 셸링이 물었지만 아직 답을 찾지 못한 물음이다. 하이데거는 《존재와 시간》에서 이 질문들에 답변을 시도하며 실체들이 존재하는 방식에 대한 전통 존재론을 근본적으로 비판한다. 하이데거는 또한 진리 문제를 혁신적 방식으로 진술하고 현실성과 가능성(아리스토텔레스의 현실태energeia와 가능태dynamis)이라는 양상 개념에 대한 고전적 분석을 인간 현존재 분석의 맥락으로 옮겨와 인간 실존의 관점에서 고전적 범주론을 변형한다.

하이데거는 《존재와 시간》에서 그간 다루어온 모든 연구 주제와 방법을 압축하고 재구성하는데, 특히 존재론을 역사적으로 분석하는 과정에서 5가지 사상을 변형하고 재구성한다. 그 5가지 사상은 다음과 같다. 플라톤과 아리스토텔레스의 형이상학(전통 존재론), 칸트의 초월철학, 후설의 현상학, 지멜과 딜타이의 생철학과 해석학, 사도바울과 키르케고르의 실존적이고 종교적인 신학이다.

하이데거는 기술적이고 결과적일 수밖에 없는 이런 구분과 함께 유럽 철학사, 즉 서양 이성사理性史의 핵심적 측면을 주제로 삼아 새로운 방법으로 다룬다. 특히 하이데거는 존재론과 형이상학을 재구성해 연관시키는데, 이는 처음부터 전통의 비판적 해체('파괴')를 목표로 한다는 점에서 무엇보다 중요하다. 하이데거에 따르면 전통적 범주로는 인간의 삶(현존재)을 이해할 수 없다. 하이데거는 또한 초월철학을 비판하고 해체해 받아들이고 칸트의 《순수 이성 비판》중 도식적 시간 분석은 특히 인간의 시간성에 적합하지 않다고 주장한다. 하이데 거는 방법론적으로 후설 현상학의 인식론적 전제를 사실상 반대한다. 인간의 '세계-내-존재'에 앞서 탈자적 ekstatische 통일성을 사고하게 하는 주관과 객관의 차이를 반대하는 것이다.

《존재와 시간》은 현상학적 방법의 가치를 명백히 인정하면서도 후설의 데카르트주의에 반대하며 비판과 수정을 가한다. 생철학과 해석학(이해의 근거들에 대한 질문)은 지멜과 딜타이를 거쳐 쇼펜하우어와 니체로 거슬러 올라가는데, 이는 하이데거가 키르케고르의 실존적 변증법을 받아들이고 아리스토텔레스의 실천적 분석을 생산적으로 습득한 덕분에 혁신적으로 변형된다. 그리고 그 중심에 있는 마음씀(심려)Sorge의 구조는 아리스토텔레스의 오렉시스orexis(욕망)와 이어지고 양심의 구조는 프로네시스phronesis(실천적 지혜)와 이어진다. 《존재와 시간》은 일반적으로 삶의 철학적 해석학, 즉 하이데거식으로 표현하면 실존분석으로 이해된다. 이때 하이데거는 인간 실존을 본래적 형식과 비본래적 형식으로 구별한다. 종교적 실존주의와 목적론은 본래적 실존 형식들, 즉 양심과 죄책감, 불안과 죽음으로 유도되는데

이에 대한 분석은《존재와 시간》에서 큰 비중을 차지한다. 사도바울과 요한, 아우구스티누스, 루터, 키르케고르는 여기서 작품의 숨은 의미를 형성한다.

모든 구분은 인간 실존분석으로 흘러들어가고 결국 실존론적 분석론으로 바뀐다. 이러한 변환은 어떻게 체계적으로 일어나는가? 그 체계적 변환은《존재와 시간》의 핵심 논의의 구성을 7단계로 나눠보면 알 수 있다.


⑴ 하이데거에 따르면 존재 의미를 묻는 근본 질문은 2500년 동안 제기되지 않았거나 잘못 제기되었으므로 다시 제기되어야만 한다(1~8절).

⑵ 전적으로 존재를 '이해할' 수 있는 유일한 존재자인 인간, 즉 현존재Dasein로 돌아가야 존재의 의미를 묻는 근본 질문을 해명할 수 있다(9~11절).

⑶ 현존재는 본질적으로 세계-내-존재in-der-Welt-sein(하이데거가 하이픈으로 표기한 단어들은 분리할 수 없는 실존 형식의 구조를 보여준다)에 있으므로 세계를 포괄적으로 분석한다.《존재와 시간》은 가장 먼저 세계를 분석하는 데 주안점을 둔다(12~38절). 이 과정에서 '도구성Zuhandenheit'과 '현전성Vorhandenheit'을 분명히 한다. 내

가 어떤 것, 즉 가위나 의자를 사용한다면 그것은 도구로 존재하는 것이다. 내가 만약 어떤 것을 단지 바라본다면 그 어떤 것은 눈앞에 존재하는 것이다. 하이데거에 따르면 이론적 고찰의 대상으로 현전하는 존재만 파악하려 한다면 인간 세계의 행위와 기술을 모든 차원에서 파악할 수 없게 된다.

(4) 그러므로 세계-내-존재의 본질은 마음씀이다. 하이데거는 이 개념으로 인간 행위의 기본 개념, 즉 인간과 존재들의 실천적 관계를 해석한다(39~44절).

(5) 마음쓰는 존재의 실천적 본질은 시간성이다. 시간성은 특히 인간이 유한하고 소멸하는 존재, 즉 죽음으로 향하는 존재라는 데서 분명히 드러난다(45~71절).

(6) 이런 탈자적 시간의 관점에서 인간 현존재의 역사성을 비로소 이해할 수 있다(72~77절).

(7) 탈자적 인간의 삶은 처음부터 모든 시간(역사적 시간, 시계의 시간, 물리적 시간)이 가능한 근원적 시간이다(78~83절). 《존재와 시간》은 마지막으로 다음과 같이 묻는다. "시간 차제가 존재 지평으로서 현현하는가?" 이런 7단계 기본 분석과 앞서 제시한 5가지 근원적 사상 외에도 하이데거는 다음 4가지를 근본적으로 구별할 것

을 강조함으로써 작업의 전체 접근 방식을 체계적으로
구축하고 있다.

(1) 존재에 대한 물음과 전통 존재론의 해체, 혁신적
이고 근본적인 존재론의 중심은 존재적-존재론적 차
이ontisch-ontologische Differenz, 즉 '존재자'와 '존재'를
구별하는 것이다. 여기서 '존재'는 우선 존재자의 존재
'내용-Dass'이며 포괄적으로는 '존재의 의미'로 이해할
수 있다. 전통 존재론에서는 이런 차이, 즉 '존재' 또는
'존재자의 존재 내용'(무엇이 존재한다는 내용)과 그 의미가
항상 같은 차원에 있었다고 하이데거는 비판한다.

(2) 인간 존재에 대한 실존론적 분석의 근본적 차이
는 범주Kategorien와 실존 범주Existenzialien 사이에 있다.
이는 우리가 현존재가 아닌 존재자(비인간적 현상)를 이야
기할 때 사용하는 개념과 우리 자신(일시적이고 유한한 삶,
실천과 자기 이해)을 성찰하며 이야기할 때 사용하는 개
념이 원칙적으로 다르다는 뜻이다. 하이데거는 전자
를 범주(고전 범주론에서 말하는 장소), 후자를 실존 범주
라 부른다.

(3) 방법론과 관련한 또 다른 근본적 차이는 언어의

실존적 차원과 실존론적 차원의 구별이다. 실존적(존재적ontisch) 차원이 삶의 실천과 경험이라는 실재적이고 구체적 차원이라면 실존론적(존재론적) 차원은 실존적 차원을 이론적으로 언급하는 차원이다. 언어철학의 관점에서 철학적·이론적 메타언어는 일상언어와 구별된다.

(4) 마지막으로 본래성과 비본래성을 구별해 '존재'와 '시간'의 전체 구성을 구조화한다. 인간 실존의 '비본래적' 구조는 '평균적'·'일상적' 행동 방식이나 자기 이해 방식에서, '본래적' 구조는 한계상황이나 극단적 상황에서 분명해진다. 삶에 대처하는 일상적 관습이나 관례, 단조로움, 천편일률적이고 피상적인 잡담은 '비본래성'으로, 특별한 결단이나 경험, 책임, 죄책감, 자신이나 타인에 대한 책임감, 대체 불가능성은 '본래성'으로 적절히 이해할 수 있다.《존재와 시간》에 서술된 시간 분석은 이런 이해를 위해 필수적이다.《존재와 시간》은 다양한 개별 분석을 통해 존재론적 차이, 실존 범주와 범주의 구별, 혁신적 세계 개념, 현전성과 도구성의 차이, '존재'에서 '시간'으로의 길, 그 길의 탈자적 구조와 비본래성에서 본래성으로의 길을 펼쳐 보인다. 하이데거는 반데카르트적 세계 분석을 일상과 실천적pragmatic

세계 구성의 해석학으로 발전시킨다. 실존의 구조는 일상성(그리고 눈에 띄지 않는 것)에 반드시 망각되고 은폐되는데, 이런 은폐성에서 벗어나 '보이게 해주어'야만 한다는 것이다. 하이데거는 "가까움의 멂Ferne des Nahen"을 이야기한다. 일상 세계에서 복잡한 이해 상황은 용도 전체성(18절)을 형성하는데, 이는 시공간적 지시의 연관성 안에 있다. 마음을 쓰는 실천은 그 어떤 것과의 적극적 접촉이고 이는 의미를 구성한다. 미국의 프래그머티즘(제임스, 퍼스, 듀이)과 비트겐슈타인의 후기 분석이 모두 이런 접근법에 해당한다.

일상성 해석학의 정밀 구조는 마음씀을 실천하는 시간성에서 나타난다. 하이데거는 그 구조의 최소한의 내적 복잡성을 "내세계적으로 만나는 존재자와 함께 있는 존재로서 이미 세계에 존재하면서 자신의 가능성을 구현하는 존재Sich-vorweg-sein im Schon-sein in der Welt als Sein Bei innerweltlich-begegnenden Seienden"로 규정한다. 최소한의 복잡성이라는 이 불가분의 구조에서 미래와 과거, 현재의 순간 양상들은 동등하게 그리고 본래적으로 연결된다. 그때마다 이미 나는 과거를 기억하면서 미래를

선취한다. 따라서 나는 내가 어디를 가든 음악을 듣든 누군가와 이야기하든 무엇을 읽든 밥을 먹든 꿈을 꾸든 지금의 내 삶의 상황을 지각하고 이해할 수 있다. 이런 탈자적 "시간성의 시숙Zeitigung der Zeitlichkeit"은 모든 행위와 이해에 선행하여 이를 가능하게 한다. 통일적 시숙의 미제未濟인 '탈-자Ek-stasen'는 과거, 미래, 현재의 순간이며 이들은 함께 의미를 구성한다. 인식, 지각, 행동 계획, 이해, 경험의 모든 것이 시간에 의해 가능해진다.

하이데거는 이를 바탕으로 죽음 앞에서 본래적 자기 이해 구조와 존재의 탈자적 지평으로서 시간의 위상을 전개한다. 책임과 양심, 불안과 죽어야 할 실존적 운명에서 탈자적이고 시간적인 유한한 인간의 세계-내-존재의 회복할 수 없는 전체성이 정교해진다. 현존재는 현재 있는 것도 현재인 것도 아니다. 현존재는 '무성無性'(Nichtigkeit) 그 차체다. "탈자적 시간성은 근원적으로 긍정의 빛을 준다." 존재의 궁극 지평으로서 시간에 대한 근본적인 질문과 함께《존재와 시간》은 끝을 맺는다.

### 《존재와 시간》의 철학사적 위치

《존재와 시간》이 세계적으로 꾸준히 영향을 미치고

있는 까닭은 다음과 같다. (1) 전통 실존론적 존재론에 반기를 들며 세계 구성의 초월 프래그머티즘을 정교화했다. (2) 객관주의와 범주로 왜곡된 인간 현존재에 대한 오해를 바로잡고 실존론적 분석으로 발전시켰다. (3) 해석학을 근본적 이론으로 발전시켰다. (4) 탈자적·실존적 시간성을 드러냈다. (5) 이 모든 분석은 존재의 의미와 인간의 본래적 자기 이해에 대한 질문으로 모아져 윤리학, 정치학, 심리학, 신학과 이어지게 했다.

《존재와 시간》으로 하이데거는 다양한 학문과 학파에 영향을 미치는데, 이런 수용 과정은 8단계로 나눠볼 수 있다.

(1) 실존철학과 실존주의(야스퍼스, 사르트르, 카뮈, 실존신학 등)가 출현, 발전한다.

(2) 《존재와 시간》에 대한 이해와 분석을 통해 해석학(가다머)에 영향을 미친다.

(3) 현상학이 폭넓게 발전하는 데 공헌한다. 특히 메를로 퐁티는 《지각의 현상학》(1945)에서 인식의 신체적 아프리오리를 도입해 실존론적 분석을 독자적으로 끌어 나아간다. 현상학적 종교철학과 에마뉘엘 레비나스

가 전개한 '타자'(동료 인간)의 윤리학도 하이데거의 존재론적 비판에서 영향을 받은 것이다. 후설은 말년에《유럽학문의 위기와 선험적 현상학》에서 하이데거의 근본사상을 수용한다.

(4) 심리학과 정신병리학, 정신분석학이 하이데거의 영향을 받는다. 루트비히 빈스방거와 메다르트 보스는 실존주의에 입각해 심리학을 발전시킨다. 실존주의적 심리학은 하이데거의 현존재 분석으로 프로이트의 실증주의를 극복하려 한 것이다. 존재론적 차이는 자크 라캉의 정신분석에도 영향을 미친다.

(5) 신좌파에서 하이데거와 마르크스주의의 결합을 시도하는데, 하이데거 밑에서 공부한 헤르베르트 마르쿠제가 이를 주도한다. 마르쿠제의《일차원적 인간》(1964)은 실존분석을 연구한 결과물이다. 일차원성은 비본래적 실존이 후기 자본주의의 무의미한 소비와 상품 세계로 빠져드는 것이다. 이에 마르쿠제는 다원적 삶의 형식을 제안하는데, 이는 "위대한 거부"로 형성되고 진정성 있게 참여하는 본래적 실존이다.

(6) 하이데거는 구조주의와 후기구조주의, 해체, 포스트모더니즘에 영향을 미친다. 미셸 푸코의 담론 형성

분석에는 하이데거가 말한 존재 역사의 흔적이 있다. 그리고 푸코가 강조한 개념인 "자기 배려"는 하이데거의 마음씀 분석을 참고한 것이다.《존재와 시간》은 자크 데리다가 해체를 이행하는 수단인 차연을 마련하는 데도 중요한 역할을 한다.

⑺ 오늘날 진행 중인 세계적 논의는《존재와 시간》의 기본 사상과 여러 면에서 연결되어 있다. 특히 '대륙철학'과 '분석철학' 사이에 펼쳐진 깊이 있는 논의는 실천적 세계 구성과 일상성에서 비롯한 것이다. 길버트 라일과 루트비히 비트겐슈타인의 언어 화용론적 접근법은《존재와 시간》의 세계-내-존재 분석과 밀접한 관련이 있다. 리차드 로티는 비트겐슈타인의 후기 철학이《존재와 시간》의 영향을 받았다고 생각한다. 한편, 브랜덤에서와 같이 분석-언어철학적 사유의 접점을 제공하는 것은 무엇보다도 프래그머티즘과 규범적-타당성 구성적 함의다.

⑻《존재와 시간》은 문화 간, 특히 유럽과 아시아 사이의 국제적 대화에도 큰 영향을 미친다.《존재와 시간》의 일본어 번역본은 7가지가 있으며 아시아와 남미에서도 그 영향을 확인할 수 있다. 이처럼 다양한 형태로 수

용되고 있는 《존재와 시간》은 20세기 가장 중요한 철학
서다.

## '전회' 이후의 하이데거

1933~1934년에 국가사회주의 체제에서 하이데거는
독일 민족과 학문, 대학을 쇄신하기 위해 자신의 사상
과 연관성을 찾으려 했다. 이 시도가 실패하자 하이데
거는 근본적으로 현대성의 잘못된 전개를 향해 비판의
화살을 던진다(《형이상학의 극복Überwindung der Metaphysik》,
1936~1946; 〈세계상像의 시대Die Zeit des Weltbildes〉, 1938). 비
판의 화살은 때로 횔덜린이나 니체를 향했다. 하이데거
는 "도망간 신들"의 "궁핍한 시대"라 일컬으며 횔덜린의
시를 낱낱이 적발(〈횔덜린 시의 본질Hölderlin und das Wesen
der Dichtung〉, 1937)하고 신의 죽음과 니힐리즘이 도래
한 시대에 대한 니체의 학설에 반대하는 견해(〈니체 강의
Nietzsche-Vorlesungen〉, 1936~1941)를 보인다.

이 시기에 하이데거는 두 번째 대표작으로 여겨지는
《철학에의 기여》(1936~1938, 1989년 출간)를 쓴다. 존재에
대한 물음을 제기하는 연속선상에서 하이데거는 플라
톤의 이데아론에서부터 니체 사상에 이르기까지 서구

를 지배해온 "존재 망각"을 진단한다. 존재는 항상 새로운 방식으로 대상화되고 물화되며 근본적으로 오해를 받아왔다. 그러므로 물화는 신을 "최고 존재자"로, 인간을 이성적이고 인식하는 주체로 생각하는 데도 영속되었다. 하이데거에 따르면 근본적으로 퇴화한 이런 사유는 근대와 현대에 이르러 이성을 기술과 자연과학으로 환원하기에 이르렀고 그 처분 권한을 지구 전체로 확장하는 결과를 낳았다. 인간이 자신을 그 중심에 둔다면 이는 존재 망각을 극복하려는 게 아니라 그에 부응하는 것이다(《휴머니즘에 관한 서한Brief über den 'Humanismus'》, 1947).

한편 하이데거는 지금까지의 모든 철학을 비판하는 '사유'로 완전히 '다른 시작'을 계획한다. 하이데거는 비로소 세계와 인간을 전적으로 가능하게 하는 '생기生起'(Ereignis)로서 존재를 하나의 '사건'으로 사유하려 한다. 이 명백한 사고의 '전회'는 늘 새로운 방식으로 '존재Seyns'의 이 생기를 (하이데거가 통례적인 생각들과 완전히 분리하려고 썼듯이) 현전화하려 한다. 하이데거는 또한 파르메니데스와 헤라클레이토스와 같은 소크라테스 이전 철학자들의 사유에서 진정한 존재 사유의 흔적을 찾는다(《강의록Vorlesungen》, 1942~1944). '존재'의 사유(또는 회상)는 세계를 물화하는 도구적 실천으로서의 기술技術에 관한 포괄적 비판으로 후기 하이데거를 이끌었다. 이 잘못된 길에서 인간은 자신의 유한성, 존재자가 존재한다는 모든 기적 중의 기적, 이를 가능하게 하는 존재를 망각한다. 하이데거는 이 잘못된 길에 맞서 삶에서 인간이 처한 상황을 새로운 개념과 그림으로 다시 사유하고자 한다. 하이데거는 앞서 포괄적 의미의 맥락에서 '거주Wohnen'라 한 것을 '사방 세계Geviert'라 표현하여 사유한다. 사방 세계에는 지구(땅), 하늘, 인간(죽을 자들), 신적인 자(더는 도달할 수 없는 의미 정립)라는 4가지 의미 차원이 있다. 이 하나의 통일된 사방 세계의 사건 속에서의 삶은 인간에게 주어진 선물이다. 모든 기술과 실천이 의미 있으려면 유한성의 이런 의미 정립으로 다시 돌아가야 한다. 모든 사물은 이 사방 세계에서 비로소 나타난다(〈사물〉, 1954; 〈기술에 대한 물음〉, 1954). 우리가 유한성, 소멸성, 빈곤성을 마음대로 처리 못 하는 것을 통해 자신을 인지할 때(이는 《존재와 시간》에서 실존론적 죽음의 분석과 이어진다) 비로소 우리는 우리가 본디 할 수 없는 것(보편적 세계 지배)을 존재하도록 내버려둘 수 있고 자연적 삶의 토대에 참여하기에 관심을 두면서 경작하고 존재 사건 중심에서 현실적으로 '거주하기' 시작하며 건축한다(《건축, 거주, 사유Bauen, Wohnen, Denken》, 1954; 〈내맡김Gelassenheit〉, 1959). 하이데거는 횔덜린의 시에서 자신에게 중요한 의미를 서정적으로 보여주는 언어의 의미에 대한 중요한 영감을 받는다.

하이데거에 따르면 "사색하는 시"에 의거 하여 존재에 열려 있는 새로운 "사유의 경건성"에 도달하는 것은 타당하다(《횔덜린의 땅과 하늘》, 1950; 〈사유란 무엇인가?〉, 1954). 소위 '전회' 이후 하이데거 후기 철학에서 존재에 대한 '사유'도 세계적으로 강렬한 환영을 받는다. 특히 한스 요나스는 이해하기 쉬운 방식으로 그 핵심 사상을 개발하고 확장한다.

하이데거는 오늘날에도 기술철학과 생태학적 사유에 모두 영감을 주는 사상가로 여겨진다. 고대 이래로 유럽 전통은 존재를 '현존성Anwesenheit' 안에서 이해해왔다. 하이데거는 이런 전통에서 벗어나 현존성이 아닌 다른 근본적인 존재론적으로 '다른 시작'을 기획한다. 그리고 그런 하이데거의 시도는 다른 문화와 종교, 특히 아시아에서 다른 시작을 찾으려는 접근으로 이어진다. 하이데거가 50년도 전에 환경 파괴나 기후변화, 컴퓨터 기술의 중요성을 미리 예견이라도 한 듯 후기 저술은 많은 사람에게 영향을 주고 있다.

# 5. 실존철학과 실존주의

## 한계상황에서 드러나는 인간 실존의 의미-야스퍼스

실존철학과 실존주의는 20세기 철학에서 중요한 흐름 중 하나다. 이 흐름이 형성되는 과정에서 키르케고르, 하이데거, 야스퍼스, 사르트르, 카뮈 등이 핵심 역할을 한다.

정신의학자였던 칼 야스퍼스(1883~1969)는 초기에《정신병리학 총론》(1913)과《세계관의 심리학Psychologie der Weltanschauungen》(1919)을 쓴다. 세계 정위世界定位(Weltorientierung), 실존해명, 형이상학의 3권으로 구성된《철학》(1932)에서 야스퍼스는 형이상학의 주제인 세계, 영혼, 신을 실존철학으로 해석한다. 그리고 그 중심에 고통, 싸움, 죄, 죽음과 같은 한계상황을 둔다. 야스퍼스에 따르면 한계상황에서 우리는 무지, 전율, 불안을 거쳐 사랑, 믿음, 상상으로 나아가는 자유와 무조건성

(절대성)을 스스로 경험한다. 야스퍼스의 실존적 초월 이해는 전형적인 종교와 신학에 대항하는 것을 목표로 하며 절대적 초월을 포괄적 일자, 즉 포괄자로 사유하려한다. 결국 야스퍼스는 1961년 '초월의 암호Chiffren der Transzendenz'라는 제목의 강의에서 설명한 바와 같이 간접적 암호를 제시하기에 이른다. 야스퍼스는 키르케고르와 마찬가지로 모순과 의문, 분열에 직면하는 실존의 부정적 근본 경험을 중요시한다. 후기 저서들에서 야스퍼스는 독일의 죄의식과 미래, 핵무기 문제와 같은 정치적 문제로 눈을 돌린다.

야스퍼스의 사유를 이해하기 위해서는 의학과 정신병리학에 관한 초기 연구를 살펴보아야 한다. 야스퍼스는 〈향수병과 범죄Heimweh und Verbrechen〉(1909)라는 논문으로 박사학위를 받았으며, 만성 폐 질환과 심장병을 앓고 있었다. 인간이 경험할 수 있는 모든 취약성과 위험성이 야스퍼스에게는 늘 현재진행이었다. 게다가 유대인 여성과 결혼했다는 이유로 1933년 하이델베르크대학에서 교수직을 박탈당한다. 야스퍼스와 부인은 독일에 남아 계속해서 추방 위협을 받았는데, 둘은 언제든죽을 수 있게 독약을 지니고 다닐 정도였다.

1945년 미군 점령이 두 사람을 구원한다. 종전 후 야스퍼스는 1948년 바젤대학 교수로 초빙되어 1961년 은퇴한다. 《죄의 문제》(1946), 《역사의 근원과 목적에 관하여Vom Ursprung und Ziel der Geschichte》(1949), 《원자폭탄과 인류의 장래Die Atombombe und die Zukunft des Menschen》(1958), 《독일연방공화국은 어디로 가고 있는가?Wohin treibt die Bundesrepublik?》(1966) 등과 같이 정치 성향이 드러나는 책들로 큰 반향을 불러일으킨다. 이는 야스퍼스라는 작가의 극적 운명과 개인에 대한 신뢰가 크게 작용한 결과다. 야스퍼스는 한계와 위험에 직면한 인간의 상황을 극도로 명료하게 분석했고 이는 비판적 정치의식과 참여로 이어진다. 야스퍼스는 또한 민주적 문화와 문명을 향한 합리적 발전이란 결국 진정한 도덕적 동기에 따른 행동을 위해 기꺼이 헌신하는 개인에게 달려 있음을 강조한다. 이에 따라 야스퍼스는 1932년 《철학》에서 고통, 싸움, 죄, 죽음이라는 인간의 한계상황(야스퍼스의 기본 개념)을 분석의 중심에 둔다. 그리고 이러한 한계상황을 통해 인간 실존의 근본적 가능성을 명확히 이해하려 하므로 이러한 사고방식을 실존해명이라고 명명한다. 이는 삶의 경험에 대한 일반적 개념과 개별적 실존이 성취하는 구체적 형식과의 관계에 대한 초월적 성찰이라는 방법론적 지위를 가진다. 이런 개별적 실존은 객체나 세계의 일부로 대상화될 수 없으며 그저 무지의 상태에서 회피되고 마음대로 처리할 수 없는 것으로 의식될 수 있다. 철학적 실존해명은 이런 의식의 한계까지 도달하며 그 한계의 아포리아는 구체적 삶의 수행인 "실존하는 사유"라는 차원을 열어놓는다. 이런 방식으로 인간 실존의 진정한 차원은 한계상황에서 드러난다. 죽음 앞에서 용기와 태연함이, 과실에 대한 책임감이, 싸움에서 사랑이, 고통에서 행복이 나타난다.

　야스퍼스에 따르면 한계에 대한 실존적 성찰은 형이상학과 이성으로 이끈다. 이성의 한계는 자연, 자유, 역사의 관점에서 "초월자의 암호"를 매개로 문화와 종교에서 항상 불충분하게 표현되는 절대자를 지시한다. 초월자의 암호는 포괄자를 목표로 한다. 야스퍼스는 이 근본적이고 독창적인 존재가 인간의 지평을 초월하고 의미를 창조하는 7가지 형태(현존재, 의식일반, 정신, 실존, 세계, 초월, 이성)를 구별하고 본보기를 분석함으로써 포괄자의 형이상학적 개념을 자세히 설명한다. 야스퍼스는 이러한 실존 분석으로 종교를 비판하며 이성적이고 종교적인 철학

을 발전시킨다(《계시에 직면한 철학적 신앙》, 1962). 그 실존적
한계와 포괄자를 인식한 이성은 참된 인간성을 얻을 수
있다.

## 현상학을 실존주의로 완성─사르트르

장 폴 사르트르는(1905~1980) 제2차 세계대전 후 삶의
동반자인 시몬 드 보부아르(1908~1986)와 함께 프랑스 실
존주의를 주도한다. 대참변 이후 물질적·이념적 파괴
에 직면하여 오로지 곤경에 빠진 개인의 실존만이 남
겨진 듯했다. 사르트르는 이 같은 상황을 소설 《구토》
(1938)와 희곡 〈파리 떼Les mouches〉(1943)에서 생생하게
표현한다. 그리고 이를 종합적으로 분석한 책이 《존재
와 무》(1943)이다. 1933년 베를린에서 유학한 사르트르
는 후설을 시작으로 헤겔과 하이데거에게서 영향을 받
아 의식에 의존하지 않는 객관적 존재인 즉자존재l'être
en-soi(An-sich-sein)와 의식에 의해 규정되는 자유로운 인
간인 대자존재l'être-pour-soi(Für-sich-sein)를 구별한다. 대
자존재는 무無로 구성된다. 이를 실존 변증법적으로 공
식화하면 우리는 현재 존재하지 않는 어떤 것이며 현재
의 우리가 아니다. 현사실과 초월은 서로를 규정한다.

사르트르의 자유에 관한 이해도 급진적이다. 사르트르에 따르면 우리는 자유라는 형벌에 처해진 존재다. 인간 실존은 대자존재로 우연적이고 부조리하다. 사르트르는 타인의 '시선'을 객관화라고 분석하고 소외와 실패의 맥락에서 사랑, 욕망, 증오, 무관심을 묘사한다. 이런 니힐리즘은 1945년 발표해 유럽에서 환영받은《실존주의는 휴머니즘이다》에서도 바뀌지 않는다.

후기 사르트르는 마르크스의 영향을 받는다.《변증법적 이성 비판》(1960)에서 사르트르는 마르크스주의의 기본 개념(실천, 노동, 소외 등)을 실존주의와 결부시켜 해석한다. 하지만 공동체와 집단 형성의 형식을 분석했음에도 개인의 실존적 소외는 극복할 수 없는 상태로 남았다. 그런데도 사르트르는 정치 참여에 적극적이었다. 사르트르는 1964년 노벨문학상을 거절한다. 후기에 출간한《집안의 천치L'Idiot de la famille》에서 사르트르는 프랑스 소설가 플로베르의 생애와 작품을 포괄적으로 연구한다. 유작에서 사르트르는 인간이 실존하는 데 불가피한 아포리아를 사유하며 윤리학에 접근한다. 사르트르는 1950년대와 1960년대 가장 영향력 있는 지성인이었다. 1980년 4월 17일에 있었던 사르트르의 장례식에는 조문객이 5만 명이 넘었다고 한다.

사르트르의 저서들을 좀더 자세히 살펴보자. 초기 사르트르의 사유에서 후설과의 만남이 얼마나 중요했는지 분명히 알 수 있는데, 이는 베를린 시절부터 쓰기 시작한 《자아의 초월성》(1936)에 명확히 드러나 있다. 의식의 지향성을 분석한 후설에서 시작해 한 걸음 더 들어간 사르트르는 자아Ich에 대한 객관화된 생각을 비판한다. 우리 각자의 자의식을 포함한 모든 의식의 행위는 이미 제한 없이 세계에 속하지만 사르트르는 이를 어쩔 수 없이 '무'로서 대상화하는 의식 앞에 놓여 있으며 모든 지향적 행위를 꿰뚫고 있는 "전前 반성적 의식 präreflexive cogito"을 구상한다. 이 '무'는 자발성과 자유로서의 "초월적 영역"에서 비인격적으로 인격에 앞서 의식, 사유, 성찰, 자아, 코기토를 가능하게 하고 개방한다. 이러한 방식으로 사르트르는 주관주의와 독아론, '사적인' 내면세계에 관한 사유를 비판한다. 초기 소설과 연극에서도 사르트르는 인간 실존의 우연성과 무근거성을 생생하게 표현하며 생각을 이어간다.

사르트르는 주요 철학서인 《존재와 무》에서 사유를 심화한다. 인간은 즉자와 대자로 존재하고 변증법적으로 상호 관련된다. 사르트르는 후설의 현상학과 하이데거의 실존분석을 자신만의 방식으로 수용하여 이 둘을 헤겔의 변증법으로 연결한다(프랑스에서는 후설, 하이데거, 헤겔을 'H 삼인방'이라고 한다). 무, 현사실, 초월 변증법, 무근거성, 각각의 현실성 그리고 끊임없이 자신을 초월해야 하는 변증법은 모든 삶의 상황, 즉 "자유라는 형벌에 처해지는" 구성적 구조를 형성한다. 사르트르는 모든 인간의 자유와 자율성을 강조하면서도 부정변증법의 형식에서 부조리를 (죽음, 불안과 책임에서 키르케고르와 하이데거가 분석한 '피투성Geworfenheit'의 연속선상에서) 유화宥和하거나 환상으로 도피하지 않고 이를 확고히 하여 깨닫게 하려 한다. 그러므로 《존재와 무》에서 상호주관성은 이런 부조리를 극복하는 장소가 아니다. 오히려 이제 두 '무화는' 인간 상호적으로 자유를 만난다. 그 신체적이고 객관화 가능한 현존을 통해 관찰의 대상이 되며 나는 자신을 관찰하는 타자의 '시선'에 경직된 채로 내맡겨지고 만다. 이는 나와 관련하여 타자에게도 마찬가지다. 지향자, 즉 대상화하는 대자존재는 타자의 먼 거리두기와 벗어남Entzogenheit, 자유를 되찾으려 한다. 사르트르는 언어와 사랑, 욕망과 무관심, 증오, 사디즘, 마조

히즘의 의사소통 형식을 분석하고 실존 변증법적 자유 이론을 결국 프로이트의 정신분석과 결합한다. 자신의 내면에서 주재하고 있는 전의식과 무의식에 의한 조건에도 불구하고 인간은 도덕적 책임 속에서 자신의 자유를 누리고자 한다.

하지만 사르트르는 1946년에 출간한 《실존주의는 휴머니즘이다》에서도 부조리, 우연성, 도덕성을 중재하는 데 실패한다. 그 대신 인간 책임의 심연을 다시 한번 철저하게 드러낸다. 신도 종교적 발판도 없다. 도덕적 가치와 규범들조차 결정해야 하는 상황에서 실질적으로 도움이 되지 않는다. 따라서 진정한 불안, 아니 절망을 만나게 된다(이는 종교적 구원, 신앙으로의 '도약'이 없는 키르케고르의 분석이다). 나의 자유를 통해 나는 타자와 동료들이 내 자유에 직면해 의존하고 있다는 것을 깨닫게 된다. 하지만 이는 나의 불안을 감소시키지 않는다. 진지하게 참여해도 부조리와 우연, 실패, 소외는 지속된다(여기서 야스퍼스와 관련됨을 확인할 수 있다). 인간은 '본질essentia'을 가지고 있지 않지만 실존existentia해나가면서 불안전한 방식으로 자신을 기투해야만 한다.

사르트르가 마르크스주의로 전환함으로 말미암아

실존주의적 니힐리즘이 수정되는 듯했다. 실천 개념이 성찰의 대부분을 차지했고 자유는 혁명적 정치 참여로 구체화된다. 처음부터 사르트르는 마르크스주의와 사회주의, 공산주의가 독단주의와 국가주의의 형식에서 잘못 전개되었음을 비판한다. 이에 대해 사르트르는 《변증법적 이성 비판》에서 헤겔-마르크스 변증법의 복잡한 재구성을 시도한다. 사르트르 자신의 정치적 참여는 마오주의와 테러리즘과의 관계와 같은 많은 의문을 제기했지만 《변증법적 이성 비판》은 이러한 문제들과는 별개로 여전히 변증법적 방법에 대한 체계적이고 야심 찬 성찰로 여겨진다. 사르트르는 개별, 개인을 왜곡하지 않고 특수와 일반의 변증법에 포함하는데 특히 적합해야만 하는 진보-소급적 방법을 전개한다. 실존주의와 마르크스주의의 체계적 결합은 사회적 실천의 전체성을 주제화하는 일이 실존적 개별성의 특수성을 확인하거나 개별자의 보편적 적합성이 일반성의 추상적 형식들에서 의식되어 유지될 때 성공한다. 사르트르의 접근법은 엄밀히 의미 기준에 기반을 두고 있으며 환원주의에 반대한다. 사르트르는 사회적 실천의 일반 조건을 '진보적으로' 파악하려 하지만 실존적 삶의 실천이라는 특수한 역사적 상황들에서 유일무이한 개별화와 관련하여 항상 '원인 소급적으로' 이해한다. 그렇지 않으면 개인의 깊은 곳에 있어 마음대로 할 수 없는 내적인 복잡성이 상실되기 때문이다(사르트르의 비판적 변증법이 아도르노의 부정변증법과 얼마나 체계적으로 연결되는지를 살펴보면 흥미로울 것이다). 그런 다음 사르트르는 혁명적 실천과 자유로운 결사의 자발적 순간에 특히 중점을 두고 소외된 사회적 실천과 자율적인 사회적 실천을 구별한다. 사르트르는 헤겔과 마르크스와 달리 법치국가·정치·경제 조직의 어떤 모델도 개발하지 않는다.

사르트르는 (혁명적 정치 참여에 실패한 결과) 후기에 다시 한번 개인 실존의 차원 분석을 심화한다. 이는 세 권으로 된 구스타프 플로베르에 관한 방대한 연구서 《집안의 천치》를 통해 행해진다. 여기서 사르트르는 예술과 개별성을 이해하는 틀 안에서 비판적 변증법과 진보적이고 소급적인 방법을 더 폭넓게 발전시킨다. 특히 플로베르의 언어와 작품의 사회적 조건에 대한 치밀한 실존 분석을 통해 사르트르는 초기 근대 작가의 독특한 개인적 스타일이 사회적·문화적·정치적 맥락에서 어떻게 생성되는지 명확히 하려 한다. 자유에 대한 실존주의적 접근은 사르트르 후기 미학과 해석학 연구에서도 계속된다.

시몬 드 보부아르는 사르트르와 함께 평생 실존주의, 자유, 사회주의(일종의 사회질서)를 결합하는 원리를 추구한다. 보부아르는 책을 통해 이 계획의 현실적·구체적 변혁을 곰곰이 숙고했기 때문에 저술 활동에 방점을 둔다. 주요 저서로는 "여성은 태어나는 것이 아니라 만들어지는 것이다"라는 유명한 말을 낳으며 페미니즘 운동의 바탕이 된《제2의 성》(1949)과 현대 자본주의 사회에서 나이 듦을 기초적으로 연구한《노년》(1970)이 있다.

종전 이후 지성인 사르트르의 탁월한 영향력과 지배력은 1980년 사망 후 독일과 프랑스에서 그 의미를 상실한 것과 극명한 대조를 이룬다. 결국 신구조주의와 해체, 푸코와 데리다 같은 다른 이론과 이론가들이 영향력을 행사하게 된다. 독일에서는 실존주의 이후 프랑크푸르트학파의 비판 이론이 지배적이었고 학계에서는 가다머의 해석학이 두드러졌다. 사르트르의 시선에서 보면 자신의 사실적이고 복잡한 체계적 작업에 대한 철저한 대립이 피상적이고 축약된 상象으로 대체된 것이다. 이에 사르트르의 마르크스주의의 비판적 수용이나 비판적 변증법에 관한 밀도 있는 연구와 개별성에 대한 실존론적·분석적 해석학 연구는 낡거나 시대에 뒤처진 것이 아니라고 오히려 강조해야 한다. 이 모든 것은 비판적 해석학의 테두리에서 철저히 규명될 만한 자격이 있기 때문이다.

### 부조리와 실존의 탐구자―카뮈

베케트와 외젠 이오네스코와 친구였던 루마니아 출신 에밀 미셸 치오란(1911~1995)은 《절망의 정상에서Auf den Gipfeln der Verzweiflung》(1949)와 《태어남의 불편함에 관하여Vom Nachteil geboren zu sein》(1973)를 내놓으며 인간 삶의 무의미와 무가치를 보여주는 극단의 허무주의적 실존주의를 대표한다.

알베르 카뮈(1913~1960)는 프랑스에서 부조리적 실존주의를 대표한다. 카뮈는 소설 《이방인》(1942)과 《페스트》(1948) 외에도 여러 편의 희곡을 썼으며 철학적 에세이 《시시포스의 신화》(1941)를 출간하기도 했다. 《반항하는 인간》(1951)에서 카뮈는 모든 전체주의적인 정치 주장에 거세게 반대하여 그 이데올로기를 비판하며 사르트르와 결별한다. 알제리에서 태어난 카뮈는 1957년에

노벨상을 받고 1960년에 교통사고로 사망한다.

　카뮈에 따르면 부조리의 실존적 경험은 인간의 의미에 대한 욕구, 즉 거듭 실망하는 욕구로 드러난다. 종교적 은총, 더 높은 가치, 이성적 방향 설정, 안전한 상황 등 이 모든 예측 가능한 의미 안전망은 결국 불안에서 유도된 기투나 환상으로 증명된다. 우리는 세계가 주는 무관심이나 생소함과 마주한다. 그래서 카뮈는 자살을 중심적으로 서술한다. 그렇다면 부조리라는 문제의 유일한 해결책은 자살인가? 신체적 자살은 도피라고 비난한다. 도피는 감히 부조리에 맞서지 못한다. 실존적 사유의 창시자인 키르케고르를 비판하는 연속선상에서 카뮈는 신에 대한 믿음으로의 '도약'도 비판한다. 카뮈는 이 같은 종교적 도약이나 포괄적 사고 체계를 정신적 자살이라고 지적한다. 카뮈에게 실존적으로 신뢰할 만한 유일한 태도를 시시포스라는 신화 속 인물이 효과적으로 생생하게 구현해낸다. 카뮈는 《시시포스의 신화》에서 부조리에 직면해 실존의 문제를 극적으로 첨예화해 자살할 것인가 말 것인가라는 핵심 질문을 제시한다. 카뮈에 따르면 끊임없이 되돌아가 자신의 바위를 밀어 올려야 하는 부조리에 직면한 시시포스의 태도는 참된 동시에 진정성 있으며 행복한 것이다(이는 전통적으로 고대 스토아학파의 윤리를 떠올리게 한다).

카뮈는 《반항하는 인간》에서 사회와 역사의 억압과 비인간적 삶의 상황에 맞서는 인간을 다룬다. 사르트르와 마르크스주의와 결별한 카뮈는 놀랍게도 혁명의 주장이 이념으로 굳어져 독재와 테러로 변질할 수 있다고 지적한다. 혁명 초기에 전적으로 신뢰할 만한 규범적 주장들이 절대화와 자기비판의 상실로 이어질 수 있다는 것이다. 휴머니즘이라는 목표는 독재와 민족학살의 극단적 형식으로 왜곡, 변질되었고 이는 20세기 스탈린주의, 마오주의, 폴 포트 정권을 통해 현실화되어 카뮈의 비판적 분석을 증명해주었다. 결국 카뮈는 부조리를 철저하게 성찰하고 정치 혁명의 상반된 두 얼굴을 재구성해 자신이 태어난 지중해로 돌아간다. 카뮈는 자신의 한계를 알고 문학으로 생생하게 표현하며 "지중해적 사고"에서 올바른 절제의 길을 찾는다. 정오의 태양이 바닷가 모래 위로 쏟아지는 풍경과 유한한 삶의 한가운데에서 고요와 만족이 드러난다.

# 6. 해석학

## 이해의 역사성-가다머

해석학은 이해의 학설이다.

빌헬름 딜타이는 니체와 생철학의 영향을 받는다. 《정신과학 입문》(1883)에서 해석학이 인간 삶의 표현에 관한 이해를 체계적으로 어떻게 다루는지 밝힌다. 해석학에 대한 딜타이의 생철학적 기초는 하이데거와 가다머로 이어진다. 하이데거에게서 수학한 한스 게오르크 가다머(1900~2002)는 20세기 해석학을 대표한다. 《진리와 방법》(1960)에서 가다머는 고대 철학, 특히 소크라테스의 대화와 플라톤의 변증법에 관한 자신의 연구를 후설의 현상학과 하이데거의 존재와 시간의 실존론적 해석학과 연결한다. 이해하는 기술로서 해석학은 소크라테스와 플라톤의 철학과 마찬가지로 묻고 대답하는 대화 구조를 갖는다. 질문을 통해 항상 새롭게 전승되며 이는 우리가 전통과 관계를 맺는 방식이다. 나는 한 텍스트가 어떤 질문에 대답하는지 알면 그 텍스트를 이해할 수 있다. 가다머의 핵심 개념은 선이해와 해석학적 순환과 지평 융합이다. 우리는 원하든 원하지 않든 이해하려는 모든 시도에 텍스트나 주제에 대한 선이해가 갖춰져 있다. 그러므로 우리가 선이해로 돌아가는 이해의 순환은 결코 극복되거나 해체될 수 없으며, 그 결과 이해는 최종 결론에 도달할 수 없다. 가다머는 이해의 방법에 대한 중요한 예로 법, 종교, 예술을 선택한다.

가다머는 헤겔 철학과 함께 예술 이해의 인식 요청과 진리 차원으로서 미적 경험을 강조한다. 하이데거와 마찬가지로 가다머는 해석학적 경험의 보편성을 옹호하는데, 이해는《존재와 시간》에서처럼 어떤 특수한 행위가 아니라 인간 실존 자체의 존재 방식이기 때문이다. 이해는 이해의 주체와 이해의 대상을 연결하는 '지평'(후설의 개념)의 조건에서 역사를 통해 구체적으로 완성된다. 이러한 결합은 영향사Wirkungsgeschichte, 즉 시간 안에서 텍스트의 지속적 영향으로 가능해진다. 결국 이해해야 할 대상의 과거와 이해 주체의 현재 지평이 '융합'한다. 이는 가다머가 하이데거와 마찬가지로 언어를 가장 중요한 포괄적 매개자로 내세우기 때문에 가능한 것이다. 해석학은 과거 작품을 비판적으로 성찰하고 진리나 타당성에 관한 주장에 열린 질문을 남겼다. 그 결과 1970년대에 하버마스(아펠)와 가다머 사이에서 해석학의 보편성에 관한 논쟁이 벌어졌고 긴장 완화의 실마리를 찾기도 했다.

가다머의 철학적 해석학의 체계적 주장에 관해서 우선 고전의 모범적 저작들, 특히 종교와 신학, 법학, 문학의 규범적 의미가 중요하다. 사회와 문화를 자기 이해에 실질적 기반으로 삼고 공식화하는 이런 극히 광범위한 타당성의 의미는 어떻게 생겨나고 이해되는 것인가? 이 질문은 플라톤과 아리스토텔레스에서부터 칸트와 헤겔에 이르기까지 철학 고전에 관한 것이므로 더욱 자세히 들여다보면 해석학적 순환성과 더는 배후로 갈 수 없는 자기 지시성의 방법적 기본 현상과 문제가 분명해지는데, 특히 초월철학과 비판언어철학에 특징을 부여하는 자기 지시성의 문제가 명확히 나타난다. 이러한 맥락에서 가다머의 역사 비평적 분석은 소크라테스와 플라톤의 대화, 질문과 대답의 변증법, 구체적 언어 상황의 화용론을 재구성하는 아리스토텔레스의 수사학에 의존한다. 이와 마찬가지로 가다머가 방법적으로 기술한 해석학은 칸트의 판단력과 미적 경험에 관한 분석의 전통과 맥락이 닿아 있고 형식논리학을 근본적으로 넘어서고 반드시 넘어서야 하는 헤겔 변증법과 관련되어 있다. 이러한 관련에서 해석학은 개별적이고 과학적인 방법들과 의식적으로 비판적 거리를 두며 움직인다. 가다머에 따르면 이런 과학적 방법은 세계-내-존재의 실존론적 범주로서 이해의 문제를 파악하고 성찰하기에 부적합하다.

과학 이론의 측면에서 《진리와 방법》의 해석학은 종교, 신학, 법학, 미학의 텍스트 전통과 같은 특수한 타당성 의미에 대한 언어적이고 프래그머틱한 형성의 다양한 경험에서 우선 전개된다. 타당성 의미의 위상과 정초 놓기는 명백히 정신사와 문화사의 중심에 있다. 《신약》은 어떻게 초기 기독교의 성경이 되었으며 《구약》은 어떻게 유대인의 성경이 되었는가? 기독교 신학은 특히 아우구스티누스의 경우 이 매우 이질적인 텍스트를 수집하는 것과 함께 어떻게 형성되었는가? 종교개혁에서 루터는 급진적이고 혁신적인 방식으로 '성경'을 이해했다. 이는 교회의 권위에 반하는 것이었고 논란의 여지가 있는 텍스트에 대한 이해는 혁명의 격변 속에서 중심이 되었다(현재 이슬람 세계에서 《코란》 해석을 두고 광범위한 논쟁을 벌이고 있는 것과 마찬가지다).

법의 시각에서 판단할 때 우리는 이해와 해석 과정의 비슷한 중심 위치를 알고 있다. 이는 가다머가 강조했듯이 법해석학이 엄연히 법을 제정하는 기능이 있다는 뜻이다. 우리는 어떻게 모든 국민의 평등을, 고유한 인간 존엄성을, 자유를 이해하는가? 그리고 우리는 어떻게 국민을 이해해서는 안 되는가? 이러한 질문은 개별적이고 구체적인 법적 조치로 확장될 게 분명한데, 세계인권회의에서 점점 더 논의되고 있는 것도 사실이다. 가다머는 해석, 이해, 적용의 전통적 구별에 반대하며 분리될 수 없음을 강조한다. 오히려 언어 이전과 언어 외적 실제와 관련된 적용 구조는 항상 명시적 또는 암시적으로 이해 활동을 안내하고 구성한다. 따라서 가다머의 하이데거 수용은 후기 비트겐슈타인의 의미와 사용, 언어 놀이와 삶의 형식에 관한 체계적으로 환원 불가능한 맥락 분석과 일치한다고 볼 수 있다. 단순히 '주어진 것'의 모든 실증주의와 과학주의에 반대하여 해석학은 초월 프래그머틱한 방법적 전제를 정립한다. 오직 이런 방식으로만 이미 전통적 기본 개념인 선이해, 이해의 질문 유도하기, 이해의 지평과 맥락을 설명할 수 있다. 그리고 이를 토대로 해석학적 차원의 보편성에 관한 주장도 비판적으로 정당화될 수 있다는 것이 가다머의 체계적 결론이다.

따라서 가다머의 사유에서 해석학은 결코 정신과학의 방법론이 아니라 우리 자신과 세계를 이해할 수 있는 조건과 관련한 것이다. 그 조건을 밝혀내는 이해의 기본 현상은 변형된 형태로 우리의 모든 행동 형식에 영향을 미치는데, 일상생활이나 이미 발달한 문화와 제도의 맥락과 관련이 있다. 따라서 법정에서 절차상 특정한 상황에서 구체적 개별 사건을 법전에 설정된 법의 일반적 개념과 원칙과 일치, 조정, 합의로 이끌어내는 것, 즉 법률 근거가 있는, 통찰력 있는, 신뢰할 만한 판결에 이르는 것이 중요하다. 이때 그 선고는 모든 측면을 올바르게 판단해야 한다는 규범적 주장에 부합해야만 한다. 다시 말해 이러한 가변적인 공식들은 한정된 판단 수준의 규범적 차원이 변증법적으로 세분된 방식으로만 이해될 수 있는 판단력을 요구하는데, 칸트는 이를 세 번째 비판서인 《판단력 비판》에서 중점적으로 다루었으며 경험, 지성, 이성에 관한 연구는 헤겔의 변증법으로 이어진다. 칸트에게 이 규범적 차원은 미적 경험 현상과 자연이나 문화적 형상에 대한 평가(예를 들어 '아름다운', '성공한', '추한' 등) 영역에서 계열적으로 분명해진다. 여기서 또 문제가 발생하는데, 꽃이나 사람, 건물, 시와 같이 추론할 수 없는 개별자를 평가하는 것이다. 가다머의 해석학에서 예술과 미적 삶과 이해 수행은 매우 중요한 의미를 지닌다. 이 때문에 《진리와 방법》은 이론적 기반은 아니더라도 1960년에 출간된 이후 줄곧 문화과학과 정신과학의 대표적 기초 입문서로 자리매김해왔다. 그렇다고 해서 책에서 가다머가 다루고 있는 철학적 근본 문제들이 정신과학의 과학적 이론을 훨씬 뛰어넘는다는 점을 간과해서는 안 된다. 이는 결국 우리 삶의 실천 전반에 걸친 규범적 의미 조건, 즉 이 실천을 위해 구성되는 언어 형식(법과 윤리 포함)과 이해의 복잡한 기준과 관련 있다. 다시 말해 그 문제는 궁극적으로 모든 일상생활에서 우리의 구체적 삶과 세계 이해의 기초와 관련된 것이다. 일상은 행위와 관련된 언어를 사용하는 현장이자 삶과 실천 형식에 대한 지속적 평가가 이루어지는 현장이기 때문이다.

가다머는 하버마스(와 아펠)뿐만 아니라 나중에는 데리다와도 매우 강렬하게 논쟁한다. 두 논쟁 모두 방법론적으로 다방면에 걸쳐 있는 해석학의 보편성 주장에 초점을 맞추고 있다. 하버마스는 가다머의 이 같은 주장에 잠재적 상대주의가 작동하고 있음을 간파한다. 이에 논변Diskurs의 합리성과 의사소통 능력 이론은 진리에 대한 주도적 주장을 전제로 하며, 이는 성공적 의사소통을 위해 이행할 수 있고 정초할 수 있고 정당화할 수 있어야 한다. 하버마스와 달리 데리다는 가다머가 상대주의적이지 않다고 지적한다. 가다머는 대화적 지평 형성에 대한 개념에서 이해해야 할 텍스트 전체의 이질성과 텍스트를 이해하는 접근 방식을 근본적 차원에서 잘못 판단하고 있다는 것이다. 이러한 수준은 결코 넘어설 수 없는 이질성이나 타자성으로 특징지어진다고 한다. 이 타자성을 이해하는 계획은 항상 언어적으로 다른 것의 멀고 낯설고 기피된 것을 놓친다. 가다머에 대한 복잡한 논쟁은 토끼와 고슴도치의 달리기와 같아서 '나는 이미 와 있다'라는 격언을 떠올리게 한다. 어떤 형식적(하버마스) 또는 초월적(아펠) 논변의 합리성은 '진리', '유효성', '정당성' 등이 무엇을 의미하는지를 이해하는 과제에서 벗어나지 못하기 때문이다. 따라서 해석학적 상황의 지양 불가능한 연속성은 형식적이고 정적인 타당성 모델을 통해 결코 벗어날 수 없다(이미 헤겔로 이어진 판단력에 관한 칸트의 분석이 이를 증명해준다. 또한 토마스 쿤의 주장과 같이 비트겐슈타인을 따르는 정확한 자연과학의 과학사 이론에서도 이는 명백히 드러난다).

데리다는 합리성과 진리에 대한 형식적이고 정적인 개념을 실체화되고 지나치게 강조된 타자성 또는 차연으로 대체한다. 이에 대해 우리는 먼 거리와 낯섦, 자신의 벗어남에서의 타자성을 이미 이해하고 있어야 한다. 그렇지 않으면 우리는 그것의 타자성을 전혀 인식할 수 없다. 요컨대 해석학의 보편성 주장에 대한 비판의 중요한 형식은 본의 아니게 이런 주장을 증명하고 있다.

### 의미 비판적 해석학-리쾨르

폴 리쾨르(1913~2005) 역시 해석학의 역사에서 중요한 철학자로 그의 분석은 가다머에 의해 발전된 접근법을 탁월하게 심화하고 보완한 것으로 읽힐 수 있다. 리쾨르의 저작은 해석학적 관점에서 현대성, 특히 정신분석과 구조주의의 중요하고 체계적인 이론들을 재구성한다. 리쾨르는 또한 미학과 주체를 이론적으로 깊이 파고든다. 《해석에 대하여: 프로이트에 관한 시론》(1965)에서 리쾨르는 헤겔 변증법의 해석학적 잠재력을 이용해 정신분석학을 재구성한다. 정신분석은 심리 현상을 경험적-생물학적-자연과학적으로 환원하는 한편, 이러한 인간학적 실천이나 인간 삶의 실천에서 현상의 진정한 의미 차원을 목표로 해석한다. 이 변증법은 한편으로 오래되고 억압되고 잊힌 경험을 의식적으로 상기시키려 하고, 다른 한편으로는 이런 경험에 성찰적으로 혁신적 이해를 달성하려 할 때 치료 담화의 핵심이 된다. 리쾨르는 구조주의에서도 형식 기호학sémiologie과 담화 의미론의 변증법을 발굴하는데, 여기서 후자를 우선시한다(《해석의 갈등》, 1969). 메타포에 관한 연구(《살아 있는 메타포La métaphore vive》, 1975)에서 리쾨르는 메타포들이 창조적 잠재력을 담론적으로 전개하므로 인간의 자기 이해를 위해 형상적 표현 방식이 어떤 중요한 기능을 가지고 있는지 보여준다. 따라서 메타포는 철학에도 필수적이다(한스 블루멘베르크 참조).

리쾨르는 《시간과 이야기》(전3권, 1983~1985)와 《타자

로서 자기 시선》(1990)에서 연구를 심화한다. 리쾨르는
삶의 실천에서 이야기된 '시간'이 어떻게 이해 가능한
것으로 구성되는지를 보여준다. 리쾨르는 토마스 만의
《마의 산》과 마르셀 푸르스트의 《잃어버린 시간을 찾아
서》를 해석해 서사적 의미 구성의 방식을 정교하게 보
여준다. 리쾨르는 시간에 관한 주요 철학 이론을 비판적
으로 분석하고 있는데, 이런 이론들은 아리스토텔레스
와 칸트, 아우구스티누스와 후설 사이에서나 우주론과
심리학, 객관과 주관 사이에서 동요하고 있음을 분명히
한다. 리쾨르에 따르면 하이데거조차도 양립할 수 없는
두 개념의 이런 문제를 해결하지 못한다. 하지만 리쾨
르는 서사적 정체성 구성의 양태에서 해결책을 기획한
다. 이 같은 관점은 《타자로서 자기 시선》을 통해 인간
세계에서 실존적 자기 이해의 형성과 관련해 분석적으
로 심화되고 급진화된다. 리쾨르는 다시 서로 모순되는
것처럼 보이는 체계적이고 강력한 두 접근법을 대립시
키는데, 하나는 의미를 필요로 하는 인간에서 출발하
는 아리스토텔레스의 목적론적 사유고 다른 하나는 보
편타당한 실천 규범에서 출발하는 칸트와 롤스의 의무
론적 사유다. 리쾨르에 따르면 두 사유를 변증법적으로

매개하기 위해서는 궁극적으로 아리스토텔레스의 모델을 우선시해야 한다. 규범의 보편성을 실제로 이해하고 실천하기 위해서는 아리스토텔레스가 말했듯 실천적 지혜, 즉 프로네시스가 필요하기 때문이다.

20세기 철학에서 가다머와 리쾨르의 해석학적 접근법은 전통주의나 상대주의적 의미가 아닌 의미 비판적으로 이해되어야 하며, 사회와 이데올로기를 비판하는 아도르노나 언어를 비판하는 비트겐슈타인의 구상과 더불어 피상적 학파 간 논쟁을 극복하면서 대립을 생산적으로 연결할 수 있는 체계적이고 광범위한 잠재력을 제공한다.

# 7. 마르크스주의와 네오마르크스주의 그리고 비판 이론

## 정치 변화와 네오마르크스주의의 생성

20세기 세계 정치의 발전은 마르크스의 분석과 비판적 마르크스주의가 마르크스-레닌주의의 형식으로 동유럽의 정당화 이데올로기가 된 역사결정주의의 정통적 형태로 변모한다. 이 과정에서 특히 레닌(1870~1924)과 플레하노프(1856~1918)가 주요한 역할을 하며 소련공산당은 마르크스-레닌주의를 엄격한 국가 독트린으로 선언한다. 그리고 이 독트린의 교조적 주장은 스탈린 치하에서 더욱 강화된다. 마르크스주의-레닌주의는 세 영역으로 구성된다.

⑴ 프롤레타리아가 세계를 이해하기 위한 과학철학으로서 역사 유물론과 변증법적 유물론

⑵ 자본주의 붕괴론을 포함한 필연적 발전의 객관적

법칙 이론으로서 정치경제학

(3) 공산주의 운동의 전략과 전술을 규정하는 과학적
공산주의

이에 반해 서유럽에서는 마르크스의 비판적 주장을
이어가고자 반교조적 마르크스주의가 등장하는데, 이
는 마르크스가 1870년대 말 제1인터내셔널 대회에서
"나는 마르크스주의자가 아니다"라고 주장한 데 따른 것
이다. 그 흐름은 처음에는 루카치, 블로흐, 그람시 등에
의해, 이후에는 유고슬라비아 프락시스 그룹에 의해 주도
된다.

## 20세기 이성 파괴의 근원을 분석하다―루카치

죄르지 루카치(1885~1971)는 초기 저작에서 미학 이론
뿐만 아니라 신칸트학파적이고 생철학적인 사유를 다
룬다(《영혼과 형식》, 1911; 《소설의 이론》, 1916). 그러나 마르크
스주의로 전향한 후에는 서유럽 마르크스주의의 중요
한 결과물인 《역사와 계급의식》(1923)을 내놓는다. 이 책
에서 루카치는 교조적 반영론뿐만 아니라 엥겔스가 주
장한 '자연변증법'을 거부하고 자연적 대상화(노동)와 역

사적 소외, 물화를 정확하게 구별하며 운동의 기초로서 강력한 정치적 행동주의를 촉진한다. 이후 루카치는 헤겔을 마르크스와 비판적 변증법 발전의 원천으로 해석하고 미학적 연구를 심화한다(《청년 헤겔Der junge Hegel》, 1948; 《괴테와 그의 시대Goethe und seine Zeit》, 1947). 《이성의 파괴》(1954)에서 루카치는 세계대전과 국가사회의주라는 파국을 초래한 비이성주의가 독일에서 출현한 까닭을 비판적으로 분석한다. 루카치는 생철학에서부터 반동 문화로서 엘리트적 비판과 사회진화론을 거쳐 인종적 이데올로기들이 우위를 점하기까지 쇼펜하우어와 니체에 의해 이성적 관점이 어떻게 배제되어왔는지를 보여준다. 《미적인 것의 고유성Die Eigenart des Ästhetischen》(1963)에서는 예술이 일상 행위에서 어떻게 나오는지를 분석한다. 《사회적 존재의 존재론》(1971)에서 루카치는 스탈린주의 관료제, 자본주의, 논리적 경험주의, 하이데거 등을 모두 정당화 이데올로기로 비판하고 마르크스와 더불어 목표를 지향하는 인간의 노동에서 의미 있는 사회 모델과 자연의 반영 관계를 발전시킨다. 주목할 만한 것은 루카치의 저작들이 냉전 동안 동서양 모두에서 동일하게 받아들여지고 논의되었다는 점이다.

돌이켜보면 루카치 저작의 내적 복잡성은 명확하다. 초기 저작은 신칸트주의, 게오르크 지멜, 막스 베버, 에밀 라스크와의 토론에서 강하게 영향을 받는다. 중기에는 헤겔과 마르크스를 종합하려고 하고 후기에는 유물변증법에 의존한다. 루카치의 이런 잦은 전환에도 20세기 이성 파괴의 근원에 관한 분석은 중요하다. 루카치는 계몽주의의 이성 관점이 어떻게 다른 주개념(삶이나 의지, 실존)으로 점점 대체되는지를 보여줌으로써 셸링과 키르케고르에서 쇼펜하우어, 딜타이, 니체로 가는 길이 이데올로기로 이용되면서 결국 반동적 비이성주의로 이어졌다고 한다. 루카치의 미학에서 특수성은 개별자와 보편자 사이의 매개 수단으로서 예술의 특수한 수행을 변증법적으로 재구성하는데, 이는 괴테의 상징 개념과 헤겔 미학에 관한 해석으로 논할 가치가 있다(《미학의 범주로서 특수성Über die Besonderheit als Kategorie der Ästhetik》, 1967). 《사회적 존재의 존재론》에서 다루어진 포괄적 노동 개념은 모든 노동 과정이 경제적으로 그리고 생태적으로 세계화되고 있는 오늘날 우리에게 새로운 접점을 제공하고 있다.

## 네오마르크스주의 이론가들-블로흐와 그람시

에른스트 블로흐(1885~1977)는 《희망의 원리》(1954~1959)
에서 초기 《유토피아의 정신Geist der Utopie》(1918)에서
윤곽을 그린 바 있는 변증법적 유물론의 인간학과 역사
이론을 발전시킨다. 인간의 프락시스는 희망과 의미 있
는 예견을 목표로 한다. 의미 있는 예견은 모든 실존적·
사회적·문화적 성취를 구성하고 만들어낸다. 블로흐는
이것을 미학적·윤리적·정치적·종교적 프락시스 영역에
서 포괄적으로 보여준다. 《자연법과 인간 존엄성》(1961)
에서 블로흐는 마르크스주의를 법철학적 분석을 통해
보완한다. 후기 《세계의 실험Experimentum Mundi》(1975)
에서 블로흐는 자신의 유물적 연구에 논리적이고 범주
적인 근거를 놓는다. 1949년부터 동독에서 활동한 후
1961년 서독으로 이주하여 튀빙겐에서 (학생운동 등에) 큰
영향력을 행사한다.

블로흐의 영향력은 포괄적이고 통합적인 연구 방식
으로도 설명할 수 있다. 블로흐는 기독교 신학(《혁명의
신학자 토마스 뮌처Thomas Münzer als Theologe der Revolution》,
1921; 《저항과 반역의 기독교》, 1968)이나 계몽주의, 독일관념
론(《주관과 객관: 헤겔에 관한 주석들Subjekt-Objekt. Erläuterungen

zu Hegel》, 1951), 변증법적 유물론과 마르크스주의를 형이상학과 함께 재구성한다. 예술의 차원과 전의식·무의식, 동화와 꿈, 종말론에서 모든 위대한 구원과 의미 기대도 마찬가지다(《흔적들Spuren》, 1930). 이런 폭넓은 저작들은 감동적이고 설득력을 지닌 데다 그 문체가 열정적이다.《유토피아의 정신》과 같은 초기 저작들은 설교하는 어조와 함께 표현주의적 열정이 두드러지는데, 이는 블로흐의 사유에 부합한다. 블로흐의 저작들은 카를 마이의 소설과 같은 통속적 작품들에서도 희망 차원의 잠재력을 인식함으로써 하나로 꿰어진다. 대중음악이나 민속음악도 꿈이 실현되는 더 나은 시대에 대한 동경을 표현하기 때문이다. 따라서 블로흐의 분야를 막론한 폭넓은 사유는 변증법적 유물론의 교조적 요소와 무관하게 생산적으로 받아들여야 한다.

이탈리아 사상가 안토니오 그람시(1891~1937)는 서구 마르크스주의를 대표한다. 그람시는 철학적이고 해방적인 성찰과 이론 형성을 정치적 프락시스(《프락시스의 철학 Philosophie der Praxis》, 1967)와 결합시킨다. 유고슬라비아 프락시스 그룹의 프레드라그 브라니츠키Predrag Vranicki, 미하일로 마르코비치Mihailo Marković(《프락시스의 변증법

Dialektik der Praxis》, 1968), 밀란 칸그르가Milan Kangrga 등은 그람시와 강조점이 비슷하다.

## 현대성과 구원에 대한 탐구–벤야민

발터 벤야민(1892~1940)은 비판적 네오마르크스주의 발전에서 중요한 역할을 한다. 헤르만 코헨의 신칸트주의와 유대 신비주의에 영향을 받은 벤야민은 1919년 〈독일 낭만주의에서 예술비평 개념〉으로 박사학위를 받고《괴테의 친화력》(1924)을 쓴다. 베르톨트 브레히트는 벤야민에게 마르크스주의로의 전향을 촉구한다. 벤야민은 프랑크푸르트대학에 교수자격 청구논문으로《독일 비극의 원천》(1925)을 제출하지만 채택되지 않는다. 1933년 벤야민은 막스 호르크하이머가 이끄는 사회연구소의 일원이 되지만 곧 파리로 이주해《아케이드 프로젝트》 집필에 들어간다. 나치로부터 도주 중 1940년 스페인에서 삶을 마감한다.

벤야민의 저술에는 인식비판과 언어철학, 신비신학, 미학, 유물변증법의 기본 사상이 매우 독특한 방식으로 응축되어 있다. 〈언어 일반과 인간의 언어에 대하여〉(1916)와 〈유사성론〉(1933), 〈미메시스 능력에 대하여〉(1933)에서 벤야민은 술어적 판단을 통해 어떻게 현실과 모든 사물의 근원적 개별성이 잊히고 소멸하는지를 보여준다. 하지만 아이들의 경험이나 꿈, 신화, 동화 등을 통한 경험은 여전히 새롭게 숙고하고 구원해야 할 전前 술어적 개시 사건Erschliessungsereignisse으로 생명을 간직한다(아도르노는 이 분석에 많이 의지한다). 벤야민은 비극에 관한 연구와 〈역사의 개념에 대하여〉(1940)에서 이런 사유를 확장한다. 비극적 대참사, 고통, 희생과 함께 유물적으로 파악 가능한 역사 진행의 중심에서 갑자기 의미와 충족의 순간이 나타난다. 수난사의 혁명적 변형이 순간 나타나는데, 벤야민은 역설적 방식으로 마르크스의 변증법과 비극론, 희망의 메시아적 구원 신학을 '매개'한다. 벤야민은 도피 생활을 하던 중 현대 파리를 거닐었던 경험을 바탕으로 쓴《아케이드 프로젝트》에서 이런 극단의 부정변증법을 심화시킨다. 일관된 물화 구조를 지닌 자본주의의 상품 세계에서 갑자기 구축되고 잊힌 무의식적 의미 잠재력이 번득이는데, 이 잠재력은 즉각적 물화 구조의 사라짐에서 보편적 물화로부터 희망과 구원을 가리킨다. 〈기술복제시대의 예술작품〉(1936)이라는 글에서 벤야민은 현대 복제 기술, 즉 사진이나 영화를 통해 예술과 경험이 근본적으로 변화되었다고 주장한다. 유일한 〈모나리자〉나 베르메르의 유일무이한 작품 등과 같은 전통 예술작품들의 비범성, 즉 아우라는 소멸하고 대량 복제와 소비로 대체된다. 하지만 벤야민은 대량 복제를 결코 부정적으로만 보지 않는다. 이 같은 분석의 현재성은 TV와 컴퓨터에 기반을 둔 뉴미디어들에 지속해서 적용되면서 입증될 것이다. 벤야민의 연구는 특히 시대 경험과 의미 구성에 대한 분석을 제공하므로 체계적이고 비판적 해석학과도 맥락이 닿아 있다.

### 프랑크푸르트학파의 두 거장-호르크하이머와 아도르노

1920년대 이후 서구 마르크스주의와 비판적 사회 이론의 테두리 내에서 호르크하이머, 아도르노, 마르쿠제, 하버마스를 중심으로 프랑크푸르트학파가 결성된다. 막스 호르크하이머(1875~1973)는 신칸트주의적 맥락에서 사유한 철학자다. 1925년 한스 코르넬리우스의 지도를 받아 칸트의 《판단력 비판》을 분석해 교수자격 청구논문으로 제출한다. 호르크하이머는 초기에 쇼펜하우어와 마르크스의 영향을 받는다. 사회철학 교수로서 프랑크푸르트 암 마인에 있는 사회연구소 소장을 역임하고 연구소 기관지 〈사회연구Zeitschrift für Sozialforschung〉의 편집장을 지낸다.

호르크하이머와 테오도르 W. 아도르노는 각각 1934년과 1938년에 미국으로 망명한다. 프랑크푸르트에 있는 사회연구소에서부터 공동으로 연구해온 두 사람은 1939년에서 1944년까지 고전 비평 이론의 기초가 되는 《계몽의 변증법》(1947)을 집필한다. 이 책은 계몽과 이성의 개념을 문제시하는 단편적 기획들로 구성되어 있다. 이성은 자연 지배에 의존하여 존재하기 때문에 모든 해방 시도는 새롭게 강화되는 의존성에 연결된다. 그러므로 계몽과 이성에 대한 전체적인 주장은 20세기에 이르러 완전한 속박으로 변한다. 이 테제는 틀에 박힌 오락의 도식과 함께 노동 세계를 다시 한번 배가시켜 실제로 해방되어야만 하는 반유대주의와 문화산업의 패러다임에서 진행된다. 따라서 계몽은 '대중 기만'의 특징을 띠게 된다. 결국 현대 계몽은 국가사회주의나 스탈린주의와 같은 신화적 세계로 회귀한다. 《계몽의 변증법》의 핵심 테제는 신화와 계몽의 초기 근접성을 주장한다. 이성으로 세계를 주재하려는 인간의 노력은 그 반대로 전복되어 이데올로기로 변한다. 자연에 대한 의존에서 해방되려는 전략(기술, 과학, 정치 조직 형태)은 꿰뚫어 볼 수 없는 항상 새로운 의존 형식으로 변질된다. 호르크하이머와 아도르노는 1950년부터 프랑크푸르트 사회 연구소에서 이 연구를 확립한다. 호르크하이머는 후기에 희망과 체념의 변증법을 급진화해 "완전히 다른 것에 대한 동경Sehnsucht nach dem ganz Anderen"(1970년 동명의 책을 출간하기도 한다)을 이야기한다. 호르크하이머에 따르면 완전히 관리되는 사회는 현대 발전의 결과다. 후기 저작에서 호르크하이머는 쇼펜하우어에서 연유한 형이상학적 비관주의는 마르크스의 이성과 자유의 의도가 그 반대로 전도된 영향에서 일어난 20세기 대학살의 경험을 통해 강화되고 구체화되며, 완전히 다른 것에 대한 동경으로서 희망은 역설적이고 부정의 신학으로 생각될 수밖에 없다고 한다. 이 같은 견해는 벤야민과 가깝다.

테오도르 W. 아도르노(1903~1969)는 철학과 음악을 공부하여 음악 비평을 했으며, 1924년 코르넬리우스의 지도로 〈후설의 현상학에서 물적인 것과 인식적인 것(노에마타)의 초월성Die Transzendenz des Dinglichen und Noematischen in Husserls Phänomenologie〉으로 박사학위를 받았다. 그 후 빈으로 가서 제2 빈 악파라 불리던 알반 베르크에게서 작곡을 공부한다. 아도르노는 프랑크푸르트로 돌아와서도 철학 연구와 음악 비평을 이어간다. 프랑크푸르트에서 호르크하이머를 만나 사회연구소에서 함께 연구한다. 폴 틸리히에게 지도를 받아 〈키르케고르: 미적인 것의 구성Kierkegaard. Konstruktion des Ästhetischen〉이라는 교수자격 청구논문을 완성하지만 1933년 교원 자격을 박탈당한다. 이후 박사학위를 받기 위해 옥스퍼드로 건너간다. 독일에서 받은 박사학위가 인정되지 않았기 때문이다. 아도르노의 영어 논문은 1956년 독일어(《인식론의 메타 비판에 관하여Zur Metakritik der Erkenntnistheorie》)로 출판된다. 아도르노는 미국에서 호르크하이머와 함께 《계몽의 변증법》을 집필해 비판적 사회철학의 토대를 다진다. 이 시기에 아도르노는 경험적 사회 연구 프로젝트에 참여해 반유대주의의 기원을 탐구한다(《권위주의적 성격The Authoritarian Personality》, 1950). 《신음악의 철학》(1949)과 《미니마 모랄리아》(1951)도 이 무렵에 쓰기 시작한 것이다. 1949년 호르크하이머와 함께 프랑크푸르트로 돌아온 아도르노는 1951년 새롭게 설립된 사회연구소를 이끈다. 이후 아도르노는 모든 매체에 등장해 사회에 대한 비판적 이론을 독일공화국의 공론장에서 효과적으로 주장하는 등 매우 강렬하고 영향력 있는 20년을 보낸다. 1966년《부정변증법》을 발표하고 1969년 사망할 때까지《미학 이론》(1970)에 천착한다.

미학 연구에서 아도르노는 현대 예술이 오로지 후기 자본주의의 소외와 물화 과정에 대한 저항으로 이해될 수 있는 혁신적·비가역적 저항과 해방의 잠재력을 포함하고 있음을 보여준다. "상처받은 삶에서 나온 성찰"이라는 부제가 붙은《미니마 모랄리아》에서 아도르노의 보편적 소외에 대한 역설적이고 부정 이론적인 희망의 충동이 인상적으로 표현된다. 눈에 잘 띄지 않는 일상 경험은 구원의 관점에서 생각해야 하면서도 이러한 관점이 불가능하다는 것도 깨달아야 한다.《미니마 모랄리아》에서도 밝혔듯이 이러한 사유는 초기 아도르노에게 지대한 영향을 준 발터 벤야민의 영향을 받은 것이다.

《부정변증법》에서 아도르노는 자신의 사유를 심화한다. 사유의 개념적 일반화는 존재자를 이용하고 객관화하여 결국 지배해야만 한다. 이런 방식으로 아도르노가 말한 직접적 현실의 '비동일성'은 구축되고 무화된다.

이 비동일적인, 즉 절대적으로 개별적인 것은 개념적으로 파악할 수 없다. 철학적으로 비판적 성찰은 부정과 대립의 기반을 얻는다. 하지만 예술에서는 비동일성이 그 표현 가능성(분절Artikulation)을 담지한다. 아도르노가 보여준 부정주의의 급진성은 벤야민의 부정신학 사유와 밀접한 관련이 있다. 구원과 화해의 관점이 분명 견지되고 남아 있지만 이는 기술과 과학에 의해 지지되고 관료적으로 관리되는, 순전히 효율 경제에만 초점을 맞춘 후기 자본주의의 보편적 물화와 소외의 맥락에서 생각하면 거의 불가능한 것이다. 소외되지 않은 삶의 형식들은 특히 현대 예술작품에서 오로지 역설적 아포리아로 나타날 수밖에 없다.

벤야민을 아도르노와 호르크하이머에 연결하는 프랑크푸르트학파의 고전적 비판 이론은 부지불식간에 하이데거의 존재론 비판과 비트겐슈타인의 급진적 언어 비판에 일반적 생각보다 훨씬 더 가깝게 놓인다. 다만 비트겐슈타인은 실증주의와 과학주의에 대한 다소 피상적인 비판의 맥락에서 잠시 언급될 뿐이다.《본래성의 은어: 독일 이데올로기에 관하여Jargon der Eigentlichkeit. Zur deutschen Ideologie》(1964)에서 아도르노는 하이데거의 '본래성'을 논쟁적으로 비판한다. 그러나 국가사회주의를 가능하게 했고 여기에 부역한 일부 독일 엘리트들에 대한 이 이데올로기 비판은 하이데거가 평생 이끌었던 존재론적 의미 비판의 심층 구조에는 물론 미치지 못한다. 존재 대신에 항상 존재자를 정립하려한 서구 철학과 존재론의 근본적 잘못은 모든 존재자를 기능화하고 도구화하는 개념적 사유와 그 일반화의 폭력을 통해 '비동일적인 것', 즉 개별적인 것에 관한 끊임없는 과오에 대한 근본적 의미 비판에서 명확한 유사성을 보여준다. 하지만 후자의 의미 비판은 이미《계몽의 변증법》에서 토대가 된 바 있으며《부정변증법》의 발판이 된다. 하이데거와 아도르노는 인정하고 싶지 않겠지만 '비동일성'과 '존재론적 차이'는 생각보다 더 긴밀하게 연결되어 있다. 의미에 다시 왜곡되지 않게 접근할 수 있는 선택적이고 소외되지 않는 진정한 표현 형식을 찾는 데서도 마찬가지다. 하이데거가 그 형식을 횔덜린의 서정시에서 찾았다면 아도르노는 쇤베르크와 그 악파의 무조음악에서 찾는다. 아도르노는 또한 의미의 현전화를 '보여주는' 선택적 언어 형식에 관한 탐구를 비트겐슈타인의 후기 언어철학과 연결한다.《부정변증법》의 제3

부에서 아도르노는 부정변증법의 '모델'을 기획하는데, 이는 비트겐슈타인의 '언어 놀이'나 '가족 유사성' 형식과 생각보다 가깝다. 비트겐슈타인 역시 언어적으로 생성된 외관을 피하고 내적으로 무한한 현상의 내적 복잡성을 비판적으로 평가하기 위해 아도르노와 같은 모델 형식을 개발했기 때문이다.

호르크하이머와 아도르노(그리고 그 이전의 벤야민)의 의미 비판이 너무 심오하다는 비난은 오히려 오해를 푸는 역할을 할 수 있다. 의미 비판의 심오함은 구체적이고 좁은 의미에서 사회 비판, 즉 경제, 사회, 정치, 법적 관계들의 비판이 다른 차원에서 움직이고 특수하게 완성되어야 한다는 것을 명확하게 해주기 때문이다. 물론 이러한 시도는 마르크스와 함께하지만 이미 모든 차원에서 가능한 한 매개 형식을 개념화한 헤겔도 포함된다. 내밀한 원리주의적 신학 비판과 구체적 사회 비판의 이런 구별은 프랑크푸르트학파의 한 걸음 더 나간 발전을 더 잘 이해할 수 있게 한다.

1960년대 고전 비평 이론에 대한 사회 비판의 영향은 근본적으로 부정적 근거에도 불구하고 매우 강력했다. 아도르노의 공개 강연과 인터뷰, 라디오 방송

('성숙성을 향한 교육')은 이해하기 쉬우면서도 실행 가능한 계몽 프로젝트에 기여한다.

## 부정적 사회 비판과 새로운 삶의 형식-
## 마르쿠제, 프롬, 하버마스

헤르베르트 마르쿠제(1898~1979)에게 부정적 사회 비판은 중대한 영향을 미친다. 마르쿠제는 후설과 하이데거에게 배웠다. 마르쿠제는 헤겔의 존재론에 관한 교수자격 청구논문을 제출하지만 하이데거가 통과시키지 않는다. 마르쿠제가 제네바와 뉴욕에서 체류하는 동안 사회연구소에서 일했다는 이유에서다. 마르쿠제는 파리와 베를린에서뿐만 아니라 미국 샌디에이고에 있는 캘리포니아대학에서도 교편을 잡는다. 마르쿠제는 헤겔에 관한 《이성과 혁명》(1941)에서 비판적 사회 이론에 대한 자신의 개념을 개진하고 《에로스와 문명》(1955)에서는 프로이트의 이론을 확장하여 인간의 심리 심층 구조에 있는 해방적 잠재력에 관한 견해를 발전시킨 다음 비판적 주요 저서인 《일차원적 인간》(1964)을 발표한다. 마르쿠제의 사유는 호르크하이머와 아도르노의 강한 비판주의나 부정주의와는 반대로 해방을 위한 구체적인 관점을 열어준다. 비합리적 후기 자본주의에 "위대한 거부"를 실천하고 새롭고 자유로운 다층적 삶의 형식을 시도할 필요가 있다는 것이다. 이러한 사유는 1960년대 학생운동과 저항운동에 강력히 흡수된다. 하지만 비판에서 생산적 사회 비판의 이론적 토대가 마르쿠제에게서 현실적으로 이루어졌는지는 여전히 의문으로 남아 있다. 마르쿠제가 "억압된 관용"이라 명명한 후기 자본주의의 민주주의에 대한 비판과 자유로운 욕구 충족을 통해 자유와 행복이 실현된다고 하는 선택적 삶의 형식의 유토피아라는 이 두 차원은 엄밀히 말해 서로 대립적이고 이중적으로 계획된다. 그러므로 거기에는 그 자체로 이데올로기적인 어떤 것이 남아 있다.

이런 맥락에서 에리히 프롬(1900~1980)은 매우 활동적이었다. 프롬은 1930년에서 1938년까지 사회연구소에서 일한다. 정신분석학자이자 사회철학자로서 프롬은 미국에서 《자유로부터의 도피》(1941), 《정신분석과 윤리학Psychoanalyse und Ethik》(1947), 《사랑의 기술》(1956), 《인간 파괴성 해부Anatomie der menschlichen Destruktivität》(1973)를 집필한다. 프롬이 만년에 쓴 《소유냐 존재냐》(1976)는 큰 반향을 불러온다. 《소유냐 존재냐》에는 프롬의 분석이 집약되어 있다. 프롬은 이기주의, 사욕, 탐욕에 반대하고 자본주의, 사유재산, 효율성 중심의 이익 극대화라는 전제에 대항하는 완전히 새로운 삶의 형식을 발전시킬 것을 주장한다. '존재'의 삶의 형식은 인간에게 세상 현실과 다방면의 휴머니즘을 열어준다. 프롬은 마르크스와 프로이트 그리고 신비주의 전통을 새로운 생태학적 의식과 연결하면서 신과 관계없는 새로운 종교를 설파한다. 이는 1970년대 대안 운동에 전적으로 중요한 영향을 미친다.

위르겐 하버마스(1929~)는 제2세대 비판 이론가다. 하버마스는 1956년에서 1959년까지 프랑크푸르트 사회연구소에서 일했으나 사회과학 연구의 차원에서, 법 이론과 민주주의 이론의 문제의 관점에서 어떻게 사회 비판 이론이 가능한지 물으며 독자적 길을 걷는다. 호르크하이머와 아도르노의 부정주의도, 마르쿠제의 해방 과정의 심층 구조적 토대도 하버마스의 물음에 답을 내놓지 못한다. 교수자격 청구논문으로 제출한 《공론장의 구조 변동》(1961)[2022년 디지털 시대의 공론장을 보완한 개정판이 출간되었다-옮긴이]에서 하버마스는 계몽주의 구조에서 생성된 사회적 의사소통 형식을 분석하는데, 그런 공론장에서 사회적 해명과 비판의 잠재력이 전개될 수 있다고 본다. 《공론장의 구조변동》에 대한 논의는 여전히 진행 중이다(《공론장의 구조변동》에 대해서는 뒤에서 좀더 자세히 다룰 예정이다).

# 8. 비트겐슈타인과 언어 비판적 전회

## 언어를 성찰하다-프레게와 빈학파

고트로프 프레게(1848~1925)는 언어를 논리적으로 분석한 선구자 중 한 명이다. 〈뜻과 지시체에 관하여〉와 〈사상 Der Gedanke〉이라는 논문에서 언어의 논리적 형식이 어떻게 의미 구성과 타당성과 진리 주장의 조건을 해명할 수 있는지를 보여준다. 이와 유사한 분석을 러셀과 화이드헤드도 《수학 원리Principia Mathematica》(1910~1913)에서 수행한다.

이러한 맥락에서 모리츠 슐리크(1882~1936)를 중심으로 형성된 빈학파의 논리실증주의는 비트겐슈타인의 《논리철학논고》(1921)와 루돌프 카르납(1891~1970)의 《세계의 논리적 구성Der logische Aufbau der Welt》(1928)으로 이어지며 발전한다. 빈학파의 기본 개념은 과학적 실증 원리에 있다. 한 명제는 경험적 검증으로 입증될 수 있을 때 의미가 있다. 이러한 언어 비판적 방향 설정으로 많은 전통적 철학 문제, 특히 형이상학이 배제된다. 형이상학 대신 언어의 논리적 분석이 들어선다. 우리는 신의 존재나 인간의 자유, 영혼 불멸에 관해 경험적 기준이 없기 때문이다. 논리적 분석은 기본 경험을 재현하는 매우 단순한 명제(이른바 기록 명제Protokollsätze)가 남을 때까지 문장을 분해한다. 따라서 빈학파는 오토 노이라트(1882~1945)가 강조했듯이 모든 과학을 물리학 용어로 나타내는 통일과학을 기획한다. 과학 이론적으로 물리주의가 대표되고 심리학에서도 실증 원리가 적용된다. 미국 심리학자 왓슨을 중심으로 한 행동주의가 이 대열에 합류한다. 과학으로서 심리학은 특정 상황에서 개인의 관찰 가능한 행동과 반응에만 관여할 수 있다. 결국 카르납은 《언어의 논리적 통사론 Logische Syntax der Sprache》(1934)에서 철학의 특수 문제는 과학 언어의 논리적 분석과 논리적 구문, 통일된 언어 구축에 있다고 주장하기에 이른다. 1930년대 빈학파의 주요 구성원들이 영미권으로 이주하면서 언어 비판적 논리실증주의와 경험주의가 그곳에서 주류를 이루게 된다.

## "말할 수 없는 것은 침묵해야만 한다"–

## 전기 비트겐슈타인

매우 부유한 집안에서 태어난 루트비히 비트겐슈타인(1889~1951)은 베를린대학과 맨체스터대학에서 공학을 전공하며 수학과 논리학의 근본적 문제를 다룬다. 비트겐슈타인은 프레게와 접촉했고 1911년부터 케임브리지대학에서 러셀을 만나며 논리학과 철학을 공부한다. 제1차 세계대전이 일어나자 자원입대하고 《논리철학논고》(이하 《논고》)를 집필한다. 당시 전쟁과 연구 과정은 비트겐슈타인의 일기장에 고스란히 남아 있다. 전쟁이 끝난 후 비트겐슈타인의 삶은 완전히 바뀐다. 비트겐슈타인은 재산을 기부하고 초등학교 교사로 교편을 잡기도 하며 건축가로 일하기도 한다. 비트겐슈타인은 《논고》를 출간하고는 빈학파의 철학자들과 토론을 나누며 교류한다. 이후 비트겐슈타인은 《논고》로 케임브리지대학에서 박사학위를 받고 교단에 선다. 1936년부터 노르웨이로 가서 집필에 몰두하고 1939년 조지 에드워드 무어의 후임으로 케임브리지대학 교수가 된다. 제2차 세계대전이 발발하자 자원입대해 병원에서 일을 도왔고 전쟁이 끝난 후부터 1947년까지 학생들을 가르친다.

교수직을 그만두고 아일랜드로 이주해 사망할 때까지 저술에 힘을 쏟는다.

비트겐슈타인과 친밀하게 지낸 버트런드 러셀(1872~1970)은 알프레드 화이트헤드(1861~1947)와 함께 쓴 《수학 원리》에서 논리적 원자론을 완성한다. 러셀은 세계 평화 운동에 기여하는 등 사회적·정치적 활동과 대중적인 철학 저술 활동에 헌신한다. 1950년에는 노벨문학상을 받는다. 러셀과 친했던 조지 에드워드 무어(1873~1958)는 1925년부터 케임브리지대학에서 '정신철학과 논리학'을 강의한다. 《윤리학 원리》(1903)에서 무어는 '상식'을 정제된 언어로 표현하는 전통을 발전시킨다. 무어는 이 외에도 많은 저술을 통해 일상언어분석에 몰두하며 비트겐슈타인의 모범이 된다.

《논고》의 기본 토대는 빈학파가 결정적 영향을 미친다. 하지만 비트겐슈타인의 《논고》는 폭발적이고 전향적인 주제와 관점을 포함하고 있어 빈학파를 넘어선다. 제1차 세계대전 중 프레게와 러셀의 영향을 받아 구상한 《논고》는 매우 치밀하고 함축적인 명제들로 이루어져 있다. 비트겐슈타인은 《논고》에서 다음 7개의 핵심 명제로 논리적 설명을 이어나간다.

1. 세계는 일어나는 일들의 총체다.

2. 일어나는 일은 사실이고 사태들의 존립이다.

3. 사실들의 논리적 그림이 사고다.

4. 사고는 뜻을 지닌 명제다.

5. 명제는 요소 명제들의 진리 함수다(요소 명제는 자기 자신의 진리 함수다).

6. 진리 함수의 일반적 형식은 [p, $\xi$, N($\xi$)]이다.

7. 말할 수 없는 것은 침묵해야만 한다.

비트겐슈타인은 처음에 명제의 본질을 밝히고자 한 자신의 의도대로 《논고》의 제목을 '명제Der Satz'라 부른다. 이 본질에 따라 말할 수 있는 것이 해명된다면 말할 수 있는 것과 말할 수 없는 것을 구별할 수 있다. 세계는 사실의 총체이고 우리는 이를 그림에서 파악한다고 명제 1과 2는 주장한다. 사실은 사태이고, 사태란 그 자체로 대상의 형성 및 구성이다. 명제 3에 따르면 우리가 사실로 만드는 논리적 그림은 감각적으로 지각 가능한 명제에서 표현될 수 있는 생각이다. 뜻이 있는 참인 명제 전체는 자연과학이 만드는 것이다. 이에 반해 철학은 전적으로 다른 위상을 갖는다. 철학은 사유를 명확히 하는 활동이다. 비트겐슈타인은 '말함'과 '보여줌'을 근본적으로 구분한다. "명제는 뜻을 보여준다. 명제는 명제가 참일 때 사태가 어떤지를 보여준다. 그리고 명제는 사태가 그러함을 말한다"(4.022). 명제 5와 6은 결국 뜻 구성을 기본 명제로 환원한다. 논리적 형식들은 동어반복(항진 명제tautology)을 낳을 뿐 그 어떤 상황도 모사하지 않는다. 이 형식 외에 어떤 법칙도 필연성도 인과성도 없으며 단지 순서만 있을 뿐이다. 따라서 세계에는 오로지 경험적 사실만 있을 뿐 "보다 높은 것을 표현할 수 없다."《논고》가 끝날 무렵 비트겐슈타인은 "언어의 경계", 삶, 세계의 경계를 주제화하고 신을 이야기한다. "신은 세계에 스스로 현현하지 않는다"(6.432). 말할 수 없는 것에 관해서도 이야기한다. "말할 수 없는 것은 스스로 드러나는 것이며 신비스러운 것이다"(6.522). 비트겐슈타인은 이런 단계를 밟으며 논리경험주의의 틀을 허문다.《논고》의 구조 자체는 자세히 살펴보면 역설적이다. 명제가 지닌 뜻의 그림 이론은 텍스트에서 사용되는 언어에 적용될 수 없다. 언어 자체는 대상과 무관하기 때문이다. 이는 단지 뜻만을 보여줄 뿐이다. 비트겐슈타인에 따르면 뜻은 윤리적이다. 텍스트의 역설적 자기 지양은 자신의 뜻 기준에 따른 것이며, 윤리적·종교적('신화적') 뜻이 자신의 올바른 장소가 되는 삶의 실천을 가리킨다. 이에 따라 비트겐슈타인은《논고》를 완성한 후 철학을 그만두고 일하는 삶을 실천한다. 하지만 이후 케임브리지대학 동료들의 설득으로 박사학위를 받고 교수직을 얻는다.

## 언어 놀이-후기 비트겐슈타인

현재 '전기' 비트겐슈타인과 '후기' 비트겐슈타인을 극명하게 구분한다.《논고》가 전기 비트겐슈타인의 철학을 대표한다면《철학적 탐구》(1953)는 후기 비트겐슈타인의 철학을 대표한다고 보는 것이다. 이러한 관점은 '중기' 비트겐슈타인의 난해한 작품에 대해 무지하고 체계적으로 전기에서 후기에 이르는 언어 비판적 성찰에 무지한 탓이다. 비트겐슈타인은《논고》이후 일기나 노트 등에 자신만 알 수 있는 독특한 암호를 사용해 꾸준히 기록한다. 그 결과물로 생전에 출간되지 못한《철학적 소견Philosophische Bemerkungen》,《철학적 문법 Philosophische Grammatik》,《쪽지》등이 있고 케임브리지대학에서 학생에게 강의한《청색 책·갈색 책》,《수학의

토대들Grundlagen der Mathematik》,《심리철학적 소견들》
등이 있으며, 사망 전까지 작업한《색에 관한 소견
들》,《확실성에 대하여》가 있다. 일기를 비롯한 이 모
든 책만이 비트겐슈타인에게 실존의 문제이기도 했
던 근본 문제에 대한 평생의 복잡성과 연속성을 드
러낸다. 최근 해독되고 편집된 일기는 비트겐슈타인
이 키르케고르의 저서를 종교적 시각에서 얼마나 열
정적으로 천착했는지 보여준다. 지금까지 출간되지
못한 비트겐슈타인의 원고들은 이런 기록의 방대한
양과 복잡성과 관련 있다. 현재 나와 있는 비트겐슈
타인의 책들도 역사적으로 그리고 비판적으로 신뢰
할 만한 판본이 없다.

　비트겐슈타인의 저작은 그 연속성을 고려하여 근본
문제에 대한 성찰을 체계적으로 심화, 정밀화, 급진화하
는 과정으로 재구성할 수 있다.《논고》는 언어에 대한
성찰, 즉 인식론적 비판의 중심에서 명제 형식의 논리학
을 철학적으로 성찰하고 세계와 뜻 사이의 관계를 해명
한다. 그 결과 비트겐슈타인은 형식 논리보다 훨씬 복잡
한 언어 매개의 구조를 내적 복잡성과 규칙성에서 포착
하고자 함으로써 성찰을 급진화한다. 이러한 통찰은 언

어 형식과 문법, 그때그때 언어 사용의 뜻과 관계가 새롭게 규명되는 《철학적 탐구》로까지 이어진다. 비트겐슈타인은 마지막으로 《확실성에 대하여》에서 언어의 뜻과 사용, 언어 놀이와 삶의 형식 간의 상호 관계에 관한 이전 분석의 전제를 탐구한다. 뜻과 지시체 구성에 대한 좀더 기본적 전제는 삶의 실천으로 명백해지고 이를 가능하게 하는 세계상에서 찾을 수 있다. 따라서 비트겐슈타인의 후기 분석은 후설 현상학의 생활 세계 분석과 맞닿아 있다. 비트겐슈타인은 《철학적 탐구》에서 《논고》를 비판하고 자신의 초기 언어철학을 수정하며, 이를 통해 언어 비판에 관한 사유를 급진화하고 심화한다. 《철학적 탐구》에 따르면 우리는 언어 기능에 관한 잘못된 그림을 그리게 되었다고 한다. 그러한 잘못된 그림 중 하나가 언어와 현실 사이의 모사 관계다. 특히 전통적인 주체나 의식철학은 사고, 표상, 의지, 믿음과 같은 정신적 개념이나 영혼 내에서 일어나는 현상과 관계한다는 데서 출발한다.

비트겐슈타인의 깊이 있는 비판적 분석은 그가 '언어 놀이'라고 명명한 정신적 개념을 포함한 복잡한 일상적 언어 행위들이 내적 언어 문맥과 외적 실천 문맥,

곧 삶의 형식에서 이해될 수 있지만 '주관적' 내면세계로의 회귀하는 것은 아니라는 것을 보여준다. 삶의 실천에서 언어적 행위와 비언어적 행위는 불가분의 관계에 있다. 단어와 문장의 뜻은 언어 사용 행위에 앞서 규정되거나 이해될 수 없다. 가령 체스에서 '왕'은 정치학에서 사용되는 그 뜻과 다르다. 단어는 미래의 시간 속에서 일어날 수 있는 모든 사용을 규제, 속박받을 수 없는 복잡하고 세분된 범위를 지닌다.

이와 마찬가지로 언어 행위 전체는 우리가 실질적으로 이런 전체에서 움직이고 방향을 잡더라도 이론적으로 접근할 수 없다. 단어에도 문장에도 어떤 통일된 의미 기능이 없다. 가령 '놀이'라는 단어는 체스, 축구, 술래잡기, 모래성 쌓기와 같이 다양한 행위에 적용된다. 이 놀이들은 비트겐슈타인이 '가족 유사성'이라고 부르는 유사성을 가지지만 어떤 하나의 공통된 본질이 있는 것은 아니다. 비트겐슈타인은 객관적·주관적 의미론뿐만 아니라 실질적 개념 이론도 비판한다. 플라톤 이래로 사물의 '본질'이라 여겨지는 것은 우리가 언어 사용 관행에서 따르는 '문법'에서 드러난다. 문법 사용 시 우리가 따르는 규칙은 일상에서 우리에게 명시적으로도 의식적으로도 알려져 있지 않지만 암묵적·'맹목적'으로 따르는 것이다. 이 때문에 비트겐슈타인은 언어 규칙과 규칙 준수에 관한 잘못된 표상과 그림을 비판한다. 비트겐슈타인은 규칙의 암묵성에서 규칙 회의론도, 구체적 언어 사용과 무관하게 존재하는 '규칙 그 자체'가 존재한다는 플라톤주의도 옹호하지 않는다. 다만 공동 삶의 형식에서 공통된 언어 사용의 맥락에서 그때마다 누군가가 규칙을 따르는지 판단할 수 있다. 숫자를 세거나 색을 표현하는 단어 사용 규칙은 가르치거나 배울 수 있다. 이때 공공 접근성과 평가 가능성이 중심적 의미 기준이 된다.

비트겐슈타인은 이를 바탕으로 특히 중요한 논의인 '사적 언어 논증'을 전개한다. 언어를 오직 혼자서 개발하고 사용할 수 있을까? 비트겐슈타인은 사적으로 사용하는 언어는 올바른 사용의 평가 기준이 없음을 자세한 근거를 들어 주장한다. 사적 언어에 대한 비판은 모든 주체와 의식 이론, 사고, 표상, 감각, 느낌의 내면세계에 관한 모든 잘못된 그림을 광범위하게 해체한다. 이러한 방식으로 비트겐슈타인은 우리가 하는 경험의 주관적 차원조차도 공개적이고 공유되고 상호 주관적인 언어 행위와 삶의 행위를 통해 접근할 수 있음을 보여준다. 공통의 삶의 형식에서 공적 언어 놀이는 모든 의미 이해와 자기 이해를 위해 더는 뒤로 갈 수 없는 전제가 된다.

《철학적 탐구》는 20세기 중요한 저작으로 전 세계에 영향을 미친다. 이 책은 영국의 길버트 라일과 존 오스틴의 일상언어분석의 모범이 되고 철학의 가능성과 한계에 관한 근본적 논쟁으로 이어진다. 비트겐슈타인은 마지막 저서인 《확실성에 대하여》(1969)에서 구체적 삶의 형식에서 언어 놀이 기능의 전제를 다룬다. 조지 에드워드 무어와의 논쟁에서 비트겐슈타인은 행위와 말함은 명백하게 인식되지 않은 확실성에 의존하고 있다는 것을 보여준다. 이런 확실성은 그 자체는 근거가 없지만 모든 의심과 오류를 앞선다. 회의와 질문의 근거없는 관련 체계는 역사적으로 눈에 띄지 않게 변화하며 앞서 있는 세계다. 우리는 이 분석으로 회의, 지식, 오류, 의심의 가능 조건들과 부딪힌다.

### 언어학적 전회와 계승자들

비트겐슈타인의 세계적 영향력은 오늘날까지 이어지

며 고조되고 있다. 이는 현대 철학에서 하이데거에 비견할 만하다. 비트겐슈타인의 사유가 이론과 실천에서 모든 인식의 언어적 토대와 관련하고 있고 2000년 넘게 이어온 전통적 존재론과 의식적·철학적 사유의 아포리아를 극복하는 완전히 새로운 관점으로 바꿔놓았기 때문이다. 언어학적 전회linguistic turn는 철학의 시작에서 존재론의 발명과 데카르트에서 칸트의 초월적 전회에 이르기까지 인식론의 출현과 발전과 같은 혁명이다. 또한 비트겐슈타인의 사유는 최근 몇 년간 유고 연구를 통해 분명해진 바와 같이 논리학과 수학을 비롯해 윤리학과 미학, 종교철학과 심리철학에 이르기까지 철학의 전 영역을 포괄한다. 비트겐슈타인의 색에 관한 후기 연구는 괴테의 색 이론에서 착안한 것이다. 비트겐슈타인은 키르케고르의 실존철학과 프로이트의 정신분석학에도 매달렸다. 이런 이유로 혁신적인 의미 기준의 차별화는 현재와 미래의 모든 체계적 맥락에서 항상 새롭게 우리에게 다가올 것이다.

비트겐슈타인의 제자인 앤스콤과 기치, 본 브리그흐트는 독자적으로 스승의 사상을 더욱 발전시킨다. 엘리자베스 앤스콤(1919~2001)은 대표 저술인《의도Intention》

(1957)에서 실천철학의 토대를 해명하고 이를《현대 도덕 철학Modern Moral Philosophy》(1958)에서 더 발전시킨 실천 지實踐知 분석을 내놓는다. 남편인 피터 기치(1916~2013) 는 논리적·판단론적 분석(《정신적 행위Mental Acts》, 1957;《지 시와 일반성Reference and Generality》, 1962)에서 중세 논리학 (토마스 아퀴나스)과 의미론의 관계를 통합하고 가톨릭 종 교철학의 윤곽을 그리기도 한다. 게오르그 헨리크 본 브리그흐트Georg Henrik von Wright(1916~2003)도 비트겐 슈타인의 제자다. 본 브리그흐트는 앤스콤의 행위론 적 연구를 더 발전시킨다. 본 브리그흐트는《규범과 행 위Norm and Action》(1963)와《설명과 이해Explanation and Understanding》(1971)에서 논리실증주의에 대하여 반환원 주의적 의도중심주의를 구상한다. 그 의도중심주의는 행위 언어에서 인격의 의도를 설명 가능한 인과 과정 과 원칙적으로 구분한다. 의미 이해의 과학은 인과 설명 의 과학과 구별될 수 있고 이해는 설명과 구별될 수 있 으며, 분석적 언어 비판은 해석학과 일맥상통하기도 한 다. 인과성 개념이 행위 개념에 개념상 의존한다는 브 릭트의 증명은 행위와 관련 없이 사건의 인과성을 인식 할 수 없다는 것을 말한다. 이 분석은 칸트의 영향을 받

은 프래그머틱한 행위 이론적 토대 위에서 인과성을 초월적으로 재구성한다. 카르납과 빈학파의 논리경험주의와 실증주의뿐만 아니라 프레게와 러셀의 영향 그리고 초기 비트겐슈타인의 《논고》와 후기 비트겐슈타인의 《철학적 탐구》의 영향과 1930년대부터 1960년대까지 주요 철학자들의 이주로 인해 언어철학과 분석철학을 지향하는 철학의 광범위한 흐름이 핵심으로 등장했다. 이 같은 사유는 이후 수많은 수정을 거치며 오늘날까지 가장 강력한 형태로 지속해서 작용하고 있다. 분석철학파의 첫 번째 주요 저작은 앨프리드 줄스 에이어 (1910~1989)의 《언어, 진리, 논리》(1936)이다. 이 책에서 에이어는 실증 원리를 경험적으로 규정하고 논리적 동일률을 제외한 이 원리에 부합하지 않는 모든 문장을 형이상학적인 것으로 배제한다. 또 귀납적 추론도 유효한 것으로 인식한다. 철학에는 논리적 분석만 남은 것이다. 이후 분석철학을 대표하는 철학자들(예를 들어 콰인)은 카르납을 비판할 뿐만 아니라 에이어에 반대하여 관찰 언어의 불충분성을 비판적으로 규명하고 논리실증주의자들을 비판한다.

비트겐슈타인의 후기 철학의 영향을 받은 일상언어

분석은 라일과 오스틴에서 볼 수 있듯이 언어학적 전회라는 두 번째 주요 흐름으로 발전한다. 이러한 언어철학은 정확하게 의미를 분석하기 위해 과학 언어를 구축하는 데서 출발하는 게 아니라 삶의 실천 중심에서 사용되는 일상언어에서 시작한다.

비트겐슈타인은 물론 후설과 하이데거의 대류 현상학에도 영향을 받은 길버트 라일(1900~1976)은 《마음의 개념》(1949)에서 일상에서 사용하는 정신적·심리학적 개념을 분석하는 형식으로 마음(정신)의 이론을 제시한다. 라일의 분석은 외부적으로 관찰할 수 있는 사람들의 실제 행동이나 태도가 없다면 '정신' 영역과 '내면' 영역에 관한 지식을 갖지 못할 것이라고 한다. 따라서 라일은 앞서 하이데거와 비트겐슈타인이 했던 것처럼 '사유res cogitans'와 '물질res extensa'이라는 데카르트 이원론의 모델인 "기계 속 유령의 도그마"를 해체한다. 라일은 정신 속성 개념(예들 들어 용기 있는, 인색한 등)을 정신적·내적 과정이나 속성으로 객관화하는 범주적 오류에 연구의 초점을 맞춘다.

존 오스틴(1911~1960)은 언어현상학으로 언어분석을 설계하여 현상학, 해석학, 언어철학들 간의 중요한 체계적 근접성이나 연관성을 보여준다. 오스틴은《말로 일을 수행하는 방법How to do Things with Words》(1962)에서 화행(언어 행위) 이론을 획기적으로 발전시킨다. 화행이란 '요한의 이름으로 당신께 세례를 드립니다'나 '내일 꼭 올 것을 약속합니다'라는 말과 같이 참일 수도 거짓일 수도 없지만 성공하거나 실패할 수 있고 진정성의 유무를 따질 수 있는 행위를 뜻한다. 오스틴은 인식론적 분석을《의미와 의미 경험Sense and Sensibilia》(1962)에서 심화하고 에이어의 환원주의적 경험주의에 대해 일상적 지각은 에이어가 생각한 것보다 훨씬 복잡하고 전체적임을 지적한다.

리처드 헤어(1919~2002)는 일상언어철학을 실천철학에 적용한다.《도덕의 언어The Language of Morals》(1952)와《자유와 이성Freedom and Reason》(1963)에서 헤어는 도덕의 언어, 특히 규범적 명령어를 분석하여 보편적 규범주의로 칸트의 정언명령을 논리적으로 재규정한다.

윌프리드 셀러스(1912~1989)는 논문〈경험주의와 정신철학Empiricism and the Philosophy of Mind〉(1956)에서 언어철학의 의도 분석을 심화한다. 셀러스는 "소여의 신화"를 반박하고 이는 로티에게 영향을 미쳐《철학 그리고 자연의 거울》이 나오기에 이른다.

피터 스트로슨(1919~2006)은 언어분석적 토대 위에서 기술형이상학을 연구한다. 스트로슨은《개체Individuals》(1959)에서 인성 논제를 가지고 기술형이상학을 전개한다. 정신의 속성을 지닌 인간적 인격은 존재론적으로 환원 불가능하다. 스트로슨은《감각의 한계The Bounds of Sense》(1966)에서와 같이 칸트의 초월적 논의에 분석적이고 기술적인 방식으로 접근한다.

미국에서는 윌러드 콰인(1908~2000)이 분석철학의 지속적 발전에 커다란 영향을 미친다. 〈존재하는 것에 관하여On what there is〉(1948),《단어와 대상Word and Object》(1960),《존재론적 상대성과 다른 에세이들 Ontological Relativity and Other Essays》(1969)에서 가능한 번역과 이론 구성에 관한 비판적 상대성 논제와 불확정성 논제가 중요한 계기를 마련한다. 콰인은 언어와 과학을 이해하는 데 온건하면서도 총체적으로 도달하는데, 이는 다시 과학 비판에 관한 논쟁으로 이어진다. 나머지 논리경험주의적 주장은 크게 제한되거나 완전히 포기된다. 넬슨 굿맨(1906~1998)은《세계 창조의 방법들 Ways of Worldmaking》(1978)에서 상징형식으로 인간 세계 이해의 근본 문제에 분석철학을 적용한다.《예술의 언어: 상징론으로 접근Language of Art: An Approach to a Theory of Symbols》(1968)에서는 특히 예술의 언어를 다룬다.

마이클 더밋(1925~2011)은 프레게(《언어철학Philosophy of Language》, 1973), 수학의 철학(《직관주의의 요소들Elements of Intuitionism》, 1977), 의미론(《형이상학의 논리 기초The Logical Basis of Metaphysics》, 1991)에 관한 기념비적 연구를 제시한다. 더밋은 콰인의 전체주의에 맞서 의미의 기초로서 개별 문장을 고수한다.

존 설(1932~)은《언어 행위Speech Acts》(1969)에서 오스틴의 화행 이론을 더 발전시키고 나아가《지향성 Intentionality》(1983)에서는 정신의 자율성을 강조하면서 정신 이론의 문제를 다룬다. 분석철학의 이런 발전은 현재의 논의로 이어진다.

# 9. 과학론과 과학사

오스트리아의 물리학자이자 철학자인 에른스트 마흐(1838~1916)는 《역학의 발달》(1883), 《감각의 분석Die Analyse der Empfindungen und das Verhältnis des Physischen zum Psychischen》(1886)과 《인식과 오류: 탐구 심리학에 관한 스케치Erkenntnis und Irrtum. Skizzen zur Psychologie der Forschung》(1905) 등으로 주목을 받으며 과학론과 인식론, 과학사를 밀접하게 연결해 빈학파에 큰 영향을 끼쳤다. 20세기 후반 과학론과 과학사는 포퍼의 비판적 합리주의와 쿤, 파이어아벤트, 러커토시의 과학사적 사유로 특징지어진다.

## 열린사회를 꿈꾼 비판적 합리주의자-포퍼

칼 포퍼(1902~1994)는 《탐구의 논리Logik der Forschung》(1934)로 20세기 영향력 있는 철학자 중 한 명이 된다. 포퍼는 진보 과정에서 지식의 반증 가능성이 중요하다고 강조하는데, 이는 시행착오의 연속으로 규정할 수 있다. 문제의 부분적 해결책은 다른 문제를 양산한다. 이런 근본 통찰을 통해 포퍼는 과학론적 합리성의 핵심을 다음과 같이 정리한다. 첫째, 일반 이론은 경험적으로 반박, 즉 반증될 수 있어야 한다. 둘째, 과학자는 자신의 이론을 증명하기 위해 노력하는 대신 적극적으로 반증 가능성을 찾아야 한다. 따라서 비판적 검토는 비판적 합리주의 방법론의 핵심 원리가 된다. 이를 토대로 일찍이 포퍼는 빈학파와 카르납의 논리경험주의의 실증 원리뿐만 아니라 진리나 타당성에 관한 모든 독단적 주장에도 반대한다. 포퍼는 또한 비판적 분석을 정치철학으로 확장한다. 1937년 포퍼는 나치즘과 스탈린주의의 위협으로 빈에서 뉴질랜드로 이민한다. 포퍼는 뉴질랜드에 있는 동안 《역사법칙주의의 빈곤》(1944/45)과 《열린사회와 그 적들》(1945)을 저술한다. 이 책들에서 포퍼는 플라톤, 헤겔, 마르크스의 고전적 사유와 닫힌 기획을 비판하고 그 위험한 길을 거부한다. 그리고 인간 지식의 불완전성과 오류 가능성은 사회와 정치의 계획, 조직, 목적에 대한 '닫힌' 개념을 금지한다. 포퍼에 따르면 오로지 열린사회에서만 다원주의와 민주주의가 가능한 까닭은 인간이 지식의 오류 가능성과 한계성, 수정에 대한 의존성을 알고 있어 전체주의의 대참사로 이어지고 있는 암시적·유토피아적 이상을 포기했기 때문이다. 반증주의의 방법론은 과학론에서 실천적·정치적 차원으로 확장된다. 그 결과 포퍼의 철학과 비판적 합리주의는 국제적으로 매우 강력한 영향력, 특히 제2차 세계대전 이후 서구에서 민주주의를 공고히 하는 데 영향력을 발휘하게 된다. 포퍼는 영국으로 옮겨가 1969년까지 런던정경대학에서 교수를 지낸다. 영국에서 포퍼는 《추측과 논박》(1963), 《객관적 지식》(1972) 등을 저술하고 1965년에는 기사 작위를 받는다. 포퍼는 자신의 이론을 진화론적 인식론을 통해 심화한다. 포퍼는 생물학적 진화와 다윈주의의 맥락에서 인간 인식능력의 생성과 발전을 재구성한다. 생물학적 선택은 인간의 자기비판 능력과 언어 능력에 의해 지속되고 증가한다. 포퍼는 인과적 결정론을 지지하지 않는다. 포퍼에 따르면 오히려 세계는 인간이 책임과 설계로부터 자유로워지는 가능성의 공간을 열어놓는다(《성향의 세계: 인과성에 관한 새로운 두 견해 A World of Propensities: Two New Views of Causality》, 1990). 이는 역사철학적 결정론에 대한 포퍼의 초기 비판과 일치한다. 정통 마르크스주의가 주장하는 바와 같이 역사적 법칙은 정당화될 수 없다. 그 대신 자기비판적 이성의 관점에서 선하고 이상적인 것을 창조하기 위해서는 전략적으로 추구하기보다는 인식 가능한 결함이나 오류, 악을 피하고 제거하는 것이 중요하다. 그 정도의 정치에 인간은 이미 만족하고 있다는 것이다.

한스 알베르트(1921~)는《비판적 이성 논고Traktat über kritische Vernunft》(1968)에서 포퍼의 비판적 합리주의를 채택한다. 알베르트는 자신의 철학적 성찰을 그 유명한 뮌히하우젠 트릴레마 논지를 통해 체계적으로 제시한다. 명제를 확정적이고 타당한 진리라고 주장하는 사람은 반드시 도그마에 빠지거나 논리적 순환에 빠지거나 무한 소급으로 들어간다고 한다. 간단히 말해 궁극적 정당화는 불가능하다는 것이다.

### 과학혁명과 이론의 발전

토머스 쿤(1922~1996)은《과학혁명의 구조》(1962)를 통해 과학사 연구에서 매우 큰 반향을 일으킨다. 이 책에서 쿤은 우리가 흔히 말하는 '패러다임'과 '패러다임의 전환'이라는 용어를 처음 사용한다. 과학은 불연속적 혁명의 과정을 거친다는 것이다. 쿤에 따르면 확립된 "정상 과학normal science" 내부의 모순과 이상 현상만이 과학혁명으로 돌파구를 마련할 위기로 몰고 간다. 그 대표적 예가 코페르니쿠스와 갈릴레이다. 혁명은 새로운 세계관이나 생명관(다윈)뿐만 아니라 '힘'과 '질량'(뉴턴), '공간'과 '시간'(아인슈타인)에 관한 새로운 개념을 이해 가능하게 하는 새로운 표본인 '패러다임'을 낳는다. 이후 쿤의 분석에서 이론에 관한 "공약 불가능한 incommensurable"이라는 개념(《공약 가능성, 비교 가능성, 의사소통 가능성Commensurability, Comparability, Communicability》, 1982)과 양립되지 않음이 핵심 근거가 된다. 비트겐슈타인처럼 언어 비판적 이유로 진리 상응론과 현실과 인식의 관계 상응론을 거부한다. 자연과학의 역사 또한 사회적 협력의 맥락에서 발생하고 발전하며 그 구체적 '삶의 형식'에서 과학의 '언어 놀이'가 발전함을 보여준다. 이론가들 역시 증명을 추구하는데, 그 방법은 근본적으로 다른 관점이 이전에 확립된 이론을 깨뜨릴 때까지 유효하다. 종교사, 사회사, 문화사와의 유비가 전적으로 명백하다. 비트겐슈타인과 쿤이 주창한 반실재주의적 의미 구성의 내재주의는 퍼트넘과 로티에 의해 더욱 발전된다.

파울 파이어아벤트(1924~1994)는 이러한 과학사 개념에 논란을 불러일으킨다.《방법에 반대한다》(1975)에서 파이어아벤트는 아나키즘이라는 개념을 도입해 모든 방법적 엄격성에 반론을 제기한다. 비트겐슈타인과 쿤과 더불어 방법론적 규칙의 조건적이고 항상 너무 멀리 가는 유효성을 지적한다.《자유 사회에서의 과학Science in a Free Society》(1978)과《이성이여 안녕Farewell to Reason》(1987)에서 파이어아벤트는 부정적 과학사로부터 과학과 문화의 다양성을 옹호하는 결론을 끌어낸다. "무엇이든 좋다anything goes"는 파이어아벤트의 기획은 임의성과 상대주의의 옹호자로 여겨지게 한다. 하지만 이는 과학의 자유를 옹호하고 과학의 한계와 오류 가능성을 강조하려는 것으로 보아야 한다. 정치적으로 파이어아벤트의 분석은 종교처럼 과학을 국가로부터 분리하고 과학에 어떤 특권적인 특별한 위상을 부여하지 않는 데 일조한다. 파이어아벤트의 목적은 과학 전통의 다원주의이며 이는 국제적으로 다양한 문화의 평화로운 공존으로 이어져야 할 것이다.

임레 러커토시(1922~1974)는 포퍼, 쿤, 파이어아벤트의 논쟁 맥락에서 유화적이고 독자적인 반증 개념을 과학적 탐구 프로그램의 방법론과 관련하여 발전시킨다. 《과학적 연구 프로그램의 방법론》(1978)에서 러커토시는 이론의 확고한 핵심과 이를 보호하기 위한 임시방편적 가설들을 구별한다. 이 같은 방식으로 반증의 개념을 구별하고 쿤과 파이어아벤트에 비해 유화적인 과학 진보 모델을 구상한다.

수학자이자 철학자 파울 로렌첸(1915~1994)은 에를랑겐대학에서 대화논리학에 관한 연구와 함께 '구성적 과학론'을 확립한다. 대화논리학에서 진리 개념은 대화의 지원 가능성Gewinnbarkeit이라는 프래그머틱 개념으로 세밀히 검토된다. 하이데거의 제자인 빌헬름 캄라(1905~1976)와 함께 《논리적 예비교육Logische Propädeutik》(1967)을 집필하고 오스발트 쉬비머(1941~)와 함께 《구성적 논리학·윤리학·과학론Konstruktive Logik, Ethik und Wissenschaftstheorie》(1974)을 쓰며 모두가 이해할 수 있는 일상적인 관행에 기초한 구성으로 과학을 체계화한다는 목표를 구체화한다. 여기서 합리적 문법이란 로렌첸이 추구한 방법을 만드는 탐구Methodische Philosophie의 단계적 절차와 형식논리학(명제의 다양한 가능성을 대변할 수 없는)을 넘어선 양상논리학 및 대화논리학의 확립에 들어 있는 합리적 핵심의 규칙 추구를, 예를 들어 주장, 비판, 방어의 과정을 말하며 이런 합리적 문법을 통해 조작 논리도 가능하고 상호 모순되는 주장을 펼치는 정치학과 논쟁적 논변을 위한 논의 수단, 즉 소위 논증argumentation 윤리학을 주제로 이끌게 된다. 이는 사실 아펠과 하버마스와 비슷한 점도 있으나, 그것이 단지 방법적 철학의 대상이 아니라는 점에서 로렌첸과 확연히 차이가 있다. 따라서 로렌첸은 '민주사회주의' 모델과 정치의 초월적 주관성을 확립한 것으로 볼 수 있다. 쿠노 로렌츠(1932~)를 비롯해 콘스탄츠의 프리드리히 캄바텔(1935~2022), 위르겐 미텔슈트라스(1936~), 오스발트 쉬비머(1941~), 피터 야니히(1942~2016), 카를 프리드리히 게트만(1944~) 등이 로렌첸과 캄라의 영향을 강하게 받았다.

# 10. 사회와 공동체와 법

### 사회철학의 진보와 혁신을 이끌다—아렌트와 미드

20세기 후반 실천철학과 정치철학, 법철학, 사회철학에서 상당한 진보와 혁신적 기획이 이루어진다. 그 핵심 사유는 한나 아렌트와 조지 미드의 사회철학에서 발견된다.

한나 아렌트(1906~1975)는 마르부르크대학에서 공부하고 하이델베르크대학에서 야스퍼스의 지도로 1929년 《사랑 개념과 성 아우구스티누스》(1933)로 박사학위를 받는다. 세속 유대인 아렌트는 1933년 프랑스 파리로 도망가 1949년까지 세계(청년)유대인단체에서 활동한다. 이후 미국으로 건너간 아렌트는 1963년 뉴욕에 있는 사회연구뉴스쿨New School for Social Research의 교수가 된다. 아렌트는 의식적으로 자신을 철학자가 아니라 정치 이론가라고 생각한다. 《전체주의의 기원》(1951)에서 국가사회주의와 스탈린주의의 전체주의 요소와 기원을 검토한다. 아렌트에 따르면 이 두 폭력적 체제는 개인을 완전히 도구화하고 역시 산업화한 현대에서 금치산 선고를 받은 대중에 의해서 가능하다. 1961년 아렌트는 〈뉴요커〉에 기고하기 위해 이스라엘로 날아가 국가사회주의자 아이히만의 재판을 참관한다. 이후 아렌트는 기고한 내용을 정리해 《예루살렘의 아이히만》으로 출간하고 세상의 주목을 받는다. 아렌트는 아이히만을 죄의식 없는 지도자가 명령한 대량학살과 같은 터무니없는 일을 철저히 무사유로 수행한 지극히 평범하고 사소한 관료였을 뿐이라고 주장해 논란의 대상이 되며 포퍼로부터 비판을 받기도 한다.

아렌트는 《인간의 조건》(1958)에서 아리스토텔레스의 기초적 구별(제작poiesis, 기술techne, 행위praxis)을 수용해 정치 이론을 체계화하고 인류학적 토대를 마련한다. 아렌트에 따르면 사회적 협력과 소통의 중심은 행위며, 이는 항상 새로운 시작을 여는 자유로운 인격 간의 소통 행위다. 이런 맥락에서 아렌트는 하이데거의 유한성과 죽음, 세계를 향한 피투성의 분석을 출생이라는 개념으로 대체한다. 공동 세계 시민들은 항상 새로운 기획을 할 수 있고 소통 과정에 신뢰가 필요하다는 것을 알고 있다. 고대 개념에서 제작과 기술은 행위에 종속되거나 포함된다. 하지만 아렌트는 기술, 경제, 과학이 장악한 현대로의 발전에서 인간 질서의 전도를 간파한다. 이후 하버마스는 자신의 의사소통 행위 개념이 아렌트에게서 영향받은 것임을 강조한다.

　20세기 사회철학의 논의와 이론 형성은 미드의 저서들에 힘입은 바가 크다. 조지 허버트 미드(1863~1931)는 윌리엄 제임스와 존 듀이의 프래그머티즘의 영향을 받는다. 하지만 독일에서 빌헬름 분트와 딜타이에게서 공부하고 기능주의적 사회심리학을 발전시킨다. 기능주의적 사회심리학에서는 사회적 상호작용에서 개인들이 상호 영향을 주고받는 행위 형식이 의미를 구성하는 것으로 분석한다. 인간과 행위, 이해는 행동의 공통 맥락에서만 파악할 수 있다. 이런 견해는 미드의 "상징적 상호작용론"의 바탕이 된다. 《사회의식과 의미 의식Social Consciousness and the Consciousness of Meaning》(1910)에서 미드는 이러한 사유를 정당화하는데, 이는 나의 자아 정체성과 나 자신의 형성을 위해 나와 구성적으로 상호작용하는 타인의 관점에 대한 기대를 보여준다. 이 분석은 사회철학적으로 그리고 규범적으로 광범위한 의미

를 함축하고 있어 20세기 상호주관성 이론에 지속적인
영향을 미친다.

## 정의로운 사회를 구성하다–롤스

사회와 공동체에 관한 철학의 중심에는 1962년부터
40년간 하버드대학에서 가르친 존 롤스(1921~2002)가 있
다. 롤스는 《정의론》(1971)에서 강력한 체제론을 펼쳐 국
제적으로 남달리 강한 영향을 미친다. 《정의론》은 의심
할 여지 없이 20세기 중요한 저서 중 하나다. 개정판이
나오기도 한 《정의론》은 보편주의와 공동체주의 사이의
논쟁으로 이어지며 오늘날까지 그 갈등의 중심에 있다.

롤스의 사유는 경제적·사회적 정의의 원칙을 공식화
하는 문제와 마주한다. 롤스는 이 과제를 합리적으로
해결하기 위해 사고실험을 실행한다. 우선 롤스는 "원초
적 상태"를 가정한다. 원초적 상태는 원칙을 세워야 하
는 사회의 미래 구성원들이 모두 모여 있는 창조 이전
세계 또는 일종의 피안이다. 여기서 실험에 참여하는
사람들은 미래 사회의 모습은 어떠해야 하고 어떤 원칙
을 따라야 하는가 하는 가상의 질문을 받는다. 롤스 사
고실험은 "무지의 장막"이라 불리며 다음과 같은 가상

의 전제를 설정해 타당성을 얻는다. 사고실험에 참가한 사람들은 원초적 상태에서 서로가 남성인지 여성인지, 흑인인지 백인인지, 건강한지 아픈지, 어린이인지 노인 인지, 가난한지 부자인지, 장애가 있는지 없는지, 재능 이 있는지 없는지 모르며, 심지어 자신에 대해서도 알 지 못한 채 그리고 미래의 이해관계나 욕구를 알지 못 한 채 미래 사회의 원칙들을 구상해야 한다. 무지의 장 막이라는 가상의 설정을 통해 롤스는 모든 구성원에게 가장 평등하고 자유로운 의사 결정 상황을 만들어준다. 참가자들이 결정을 진지하게 하는 한 칸트의 명령이 요 구하는 것처럼 참가자들은 타자의 입장에 서야 할 의무 가 있다.

원초적 상태와 무지의 장막 상황에서 어떤 원칙이 생 겨나는가? 롤스에 따르면 2가지 선택 원칙이 생긴다. 첫 째, 자유와 평등의 원칙이다. 나는 내가 미래에 어떤 사 람이 될지 모르기 때문에 나는 항상 내 미래를 위해 미 래 사회에서 최대한 자유와 평등을 선택할 것이다. 둘 째, 롤스가 "차등 원칙"이라고 명명한 사회경제적 정의 의 원칙이다. 좀더 자세히 말하면 사회의 (사실상 피할 수 없는) 불평등은 결국 모든 사람에게 이익이 되는 방식으로 설계되어야 한다는 것이다. 더 정확히 말하면 이 원칙은 가장 가난한 사람과 부족한 사람에게 그 불평등을 보상할 만한 이득을 주는 경우에만 정당하다. 이는 세법의 의미를 살펴보면 명확해진다. 따라서 이러한 원칙들은 사회적·개인적 법질서의 형식과 필연적으로 연결된다. 민주주의와 복지국가의 규정들이 이 원칙에서 도출된다. 단순히 말해 롤스의 원초적 상태에서 다음과 같은 주장을 도출할 수 있다. 사회의 사회경제적 조직은 가장 가난하고 가장 궁핍한 구성원조차도 가능한 잘 살 수 있게 해야 한다.

롤스의 이론에서는 자유의 원칙이 항상 우선한다. 제한을 두어서는 안 된다는 뜻이다. 현재 논의에서 롤스의 체제론이 얼마나 생산적이며 광범위한지 새롭게 인식되고 있다. 이제 우리가 직면하고 있는 2가지 주요한 문제, 즉 생태계 파괴와 노령화를 생각해보자. 원초적 상태를 고려하면 우리는 현재 이익을 위해 환경을 착취하거나 파괴해서는 안 된다. 우리는 이미 오염된 바다와 황폐해진 숲들이 존재하는 그런 세대에 속하게 될지 모르기 때문이다. 세대 간 정의도 마찬가지다. 현세대는 안락한 삶을 위해 미래 세대를 희생시키면서 빛을 져서는 안 된다. 돌봄이 필요한 사람이나 노인들에게 주어지는 도움이 불충분해서도 안 된다. 나 역시 나중에 힘든 상황에 빠질 수 있다. 요컨대 롤스의 사유는 장기적으로 이성적·생태적·사회적 정책의 전제 조건을 명확히 하는 것을 가능하게 한다.

현대 국제 상황의 복잡한 문화적·종교적 다원주의에 직면한 후기 롤스는 초월적 보편주의에서 후퇴한다. 롤스는 이제 "중첩적 합의" 모델을 통해 정의 이론의 핵심 요건을 실현하고자 한다. 이는 결국 모든 사회, 문화, 종교가 동의할 수 있는 공존의 실질적인 토대를 명확히 하는 것이다. 롤스의 주요 저서들이 매우 강렬한 논쟁으로 이어지는 동안 공동체주의는 추상적 보편주의를 근본적으로 비판(매킨타이어, 왈저, 테일러 등)하며 주요한 체제적 대안으로 떠오른다.

### 의사소통의 합리성–하버마스

위르겐 하버마스는 실천철학과 정치철학을 위한 매우 영향력 있는 보편적 접근법을 제시하는데, 바로 의사소통 이론에 기초한 논변Diskurs 윤리다. 하버마스는 1956년에서 1959년까지 사회연구소에서 일한다.

프랑크푸르트학파에 의해서 동기 부여된 하버마스는 규범적이고 비판적인 사회철학의 토대에 관한 문제를 자신의 사유 중심으로 가져온다. 교수자격 청구논문이었던 《공론장의 구조변동》(1962)과 《이론과 실천 Theorie und Praxis》(1963)을 통해 하버마스는 구체적 사회관계에 대한 사회과학적 분석과 비판적 성찰을 연결하려 한다. 하버마스는 《사회과학의 논리》(1967)와 《'이데올로기'로서 기술과 과학Technik und Wissenschaft als 'Ideologie'》(1968), 《인식과 관심》(1968)에서 이런 연구 프로젝트를 건설적으로 진전시킨다. 하버마스가 만든 근본적 구분은 이 시기에 형성되며 이후 사유를 진전시키는 데 주도적 역할을 한다. 여기서 근본적 구분이란 바로 "합목적적 행위"("전략적 행위")와 "의사소통 행위"의 구분이며, 그 배후에는 기술과 행위라는 고전적 구분(아리스토텔레스)과 지성과 이성의 구분(칸트)이 있다. 사회학자 루만의 기능 체계 이론에 맞서 강렬한 논쟁을 벌인 후 《의사소통행위이론》(1981)을 출간한다. 이후 하버마스는 비판적 사회 이론과 논변 윤리(《도덕의식과 의사소통적 행위》, 1983)에 관한 연구를 이어나간다. 하버마스는 자신의 실천적 기초 성찰을 법의 차원으로 확장하는 데 목표를 두기도 하며(《사실성과 타당성》 1992;《타자의 개입Die Einbeziehung des Anderen》, 1996), 현대사회의 정치 발전에 대한 잇따른 분석을 연결한다.

하버마스의 기본 사상을 어떻게 이해해야 할까? 인간 인식과 이와 함께 추구하는 관심은 서로 분리될 수 없지만 구분은 할 수 있다. 자연과학, 문화과학, 비판철학으로 이어지는 인식에 대한 기술적·실용적·비판적 관심이 관건이다. 이런 모든 인식 가능성의 기초는 인간의 언어 능력과 의사소통 능력이다. 이런 식으로 하버마스는 언어적 전회를 수용한다. 하버마스는 자신의 화용론적 언어분석을 위해 존 설과 존 오스틴의 화행 이론의 핵심 논제를 사용한다. '말함'은 구체적 실천적 '행위'다. 그 행위는 그때마다 특별한 "타당성 요구"를 포함한다. 이는 우리가 무언가를 주장하거나 희망하거나 요구하거나 고마워하거나 거절할 때도 마찬가지다. 하버마스에 따르면 타당성 요구에 근거하여 화행은 4가지 기본 형식, 즉 의사소통 형식Kommunikativa, 진리 형식Konstativa, 표현 형식Repräsentativa, 규제 형식Regulativa으로 구분된다. 이에 포함된 타당성 요구는 사용된 언어의 표현 형식(말, 글)의 '이해 가능성'과 언어를 이용하는 화자의 '진정성' 그리고 마지막으로 표현된 규범과 가치의 '올바름'에 대한 관심으로 재구성되어야 한다. 이 재구성은 말하자면, 일상생활에서 관심과 생각을 표현하기 위해 언어를 사용할 때마다 우리는 이런 타당성을 요구하고 이로써 우리는 또 대화하는 상대방에게 인정을 요구한다는 것이다. 따라서 의사소통의 '규범적 의미'는 광범위하게 분석할 수 있으며 이는 의사소통 가능성의 (초월적) 조건으로 이해할 수 있다.

이런 분석을 토대로 하버마스는 이제 "이상적 대화 상황"의 개념을 발전시킨다. 이런 규범적 의미에 가장 상응하는 대화 상황은 어떠해야 하는가? 이 질문에 대답하기 위해서는 이상적 자유와 평등의 상황이 구축되어야만 하는 것으로 드러난다. 이 상황은 이상적 상호 대칭의 상황이다. 모든 참여자는 완전히 화행할 동등한 기회를 가지며 서로 아무런 제한을 두지 않는다.

여기서 하버마스의 사유는 아펠에 의해 발전된 초월 프래그머티즘과 밀접하게 일맥상통한다. 카를 오토 아펠은(1922~2020)《철학의 변형Transformation der Philosophie》(1973)에서 칸트의 초월철학을 퍼스의 프래그머티즘과 결합하여 상호 주관적 타당성이 모든 의사소통을 구성하는 진리 합의 이론을 구상한다. 아펠에게 의사소통의 초월적 타당성은 의미상 이미 의사소통적 보편 윤리의 토대를 포함하고 있다. 이는 인간 삶의 모든 물질적 조건과 무관하므로 아리스토텔레스주의로부터 자유로워지고 강력한 칸트주의적 성격을 띠게 된다. 초월적 프래그머티즘의 규범적 의미의 보편 윤리는 아펠에게 "최종 근거 놓기"를 요구하며 비판적 합리주의와 뮌히하우젠 트릴렘마에 반대한다. 한스 알베르트는 아펠을 순환적이고 독단적이라고 비판한다. 이상적 대화 공동체는 "해석학적 신"과 같이 가상적이라고 한다 《초월적 공상Transzendentale Träumereien》, 1975).

하버마스는 아펠과 긴밀히 협력해왔음에도 초월적 타당성 요구를 포기한다. 하버마스는 사회과학의 방향에서 논변 윤리와 사회적 실천, 정치, 제도를 강력하고 구체적으로 매개하는 데 초점을 맞추고 있기 때문이다. 이런 맥락에서 하버마스는 근본적 구분으로 사회의 비판 이론을 발전시킨다. 하버마스는 후설의 기본 개념인 '생활 세계'를 채택하고 현대사회와 관련하여 '체계'와 '생활 세계'를 근본적으로 구분한다. '체계'는 기능적, 도구적이며 한 사회의 보존과 재생산 구조를 형성하는 반면, '생활 세계'는 사회의 규범적, 상호 주관적이며 의사소통의 토대로 구체적 삶의 실천이다(《후기 자본주의의 정당성 문제Legitimationsprobleme im Spätkapitalismus》, 1973). 현대사회는 모든 체계적 구조(행정, 관료주의, 법적 규제, 기술 도입, 경제 과정의 네트워크화, 기술과 의학 분야의 과학적 연구 발전 등)의 지속적 복잡성의 증가로 특징지어진다. 이러한 발전은 생활 세계 내에서 행위 가능성의 의미 있는 확장(정보 접근성 증가, 의사소통 기회 증가, 더 나은 여행 가능성 증가)을 가져오지만 이와 더불어 하버마스가 도입해 잘 알려진 개념인 "생활 세계의 식민화"로 인한 위험 증가도 가져온다. 생활 세계의 식민화란 복잡성이 증가하는 과정에서 독자적으로 되는 체계, 기술, 관료주의, 경제적 명령을 통해 구체적 인간 생활 상황이 소외되고 주체가 물화되는 현상이다. 하버마스는 자신의 분석에서 항상 '체계'와 '생활 세계'의 보다 더 강력한 내적 결합과 네트워크화를 강조한다. 하버마스는 '체계'와 '생활 세계'를 "소외 구조" 대 "진정한 인간 세계"로 단순히 대립시키는 데 반대한다. 오히려 사회의 이 두 차원은 서로 얽혀 있다. 하지만 바로 이 때문에 제도적 조직 형식을 모든 차원에서 규범적, 비판적으로 평가하고 논변 정당화에 다시 연결하는 것이 중요하다. 따라서 하버마스는 호르크하이머("절대적 타자에 대한 열망")와 아도르노("잘못된 삶에는 올바른 삶은 존재하지 않는다")가 있는 프랑크푸르트학파의 고전적 비판 이론의 극단적 부정주의와 의식적으로 그리고 체계적으로 거리를 둔다. 하버마스는 매개적 사유로 언론에서 "독일공화국의 헤겔"로 불리게 된다.

하버마스는 《사실성과 타당성》과 《타자의 개입》처럼 법철학을 통해 자신의 사유 체계에 관한 실마리들을 지속해서 강화한다. 논변 윤리를 어떻게 법 이론적으로 구체화할 수 있을까? 논변 이론에 따르면 법규범은 자유롭고 합리적인 논변에서 모든 이들의 동의를 받은 법규범만이 제도화될 수 있다. 하버마스는 이 근본 원칙을 '민주주의 원칙'으로 규정하며 이에 대한 규범적 함의를 5가지 기본 권리에 대한 복잡한 분석을 통해 드러낸다. 5가지 기본 권리란 자유로울 권리, 참여의 권리, 재판받을 기본 권리, 입법 절차에 참여할 동등한 기회를 가질 권리, 사회적·생태적 실존 권리이다. 이러한 분석은 독일 헌법과 절차적 법치국가의 본질적 토대에 부합하는 것이다. 따라서 하버마스는 "헌법적 애국심"을 옹호하는데, 이는 합리적 제한이 아니라 논변 보편주의 관점에서 이해되어야 한다. 하버마스는 이어지는 수많은 저서에서 발전된 체계적 논변 윤리와 법 이론을 바탕으로 유럽 헌법의 관점에서 정의와 유대감의 매개(《유럽의 헌법에 관하여Zur Verfassung Europas》, 2011)를, 세계화 과정에서 인권의 의미를 계몽주의와 현대화의 성취 지속을 위해 주장한다. 하버마스는 국가 공동체주의(매킨타이어와 테일러), 기능주의와 구조주의(루만과 푸코), 상대주의와 포스트모더니즘(로티와 데리다)에 반대를 표하며 이에 관해 수십 년간 대담자가 되어왔다. 따라서 이것 자체가 하나의 철학적 작업이 되어 논변 윤리의 기본 모델로 제시되기도 한다.

악셀 호네트(1949~)는 《자유의 권리: 민주적 인륜성의 개관Das Recht der Freiheit: Grundriss einer demokratischen Sittlichkeit》(2011)에서 사회철학적이고 법 이론적인 기본 성찰을 이어간다.

## 체계 이론과 네오아리스토텔리즘—루만과 매킨타이어

독일 사회학자 니클라스 루만(1927~1998)은 많은 저작을 통해 사회의 기능주의적 체계 이론을 발전시킨다. 루만에 따르면 복잡성을 줄여 생활 과정을 가능한 한 더 수월하게 하고 유지하는 사회 질서만이 의미 있다. 이 질서는 사회 체계나 하위 체계이며 개인·인격·자율적 주체·자기의식의 범주로 생각하지 않고 오히려 자기 지시적이다(《사회학적 계몽Soziologische Aufklärung》 I~VI, 1970~1995;《사회구조와 의미론Gesellschaftsstruktur und Semantik》 I~V, 1980~1995). 하버마스와의 논쟁집인 《사회이론인가, 사회공학인가? 체계이론은 무엇을 수행하는가?》(1971)에서 루만의 이러한 체계적이고 기술적인 단절은 이성과 자의식의 유럽 전통과 함께 비판적으로 논의되며 해방적인 하바마스의 사회 비판 이론과 대조된다.

의사소통 이론의 실천적 보편주의에 대한 중요한 체계적 대안으로 네오아리스토텔리즘이 발전하는데, 독일에서는 요하임 리터(1903~1974)와 그의 학파에 의해서, 영미에서는 알래스데어 매킨타이어(1929~)에 의해서 시작된다. 영미에서는 특히 매킨타이어의 《덕의 상실》(1981)이 큰 역할을 하는데, 일방적인 자유주의에 반대하고 민주적 시민사회에서 공동체와 집단 권리를 성찰하는 새로운 공동체주의학파가 형성된다. 매킨타이어는 계몽주의와 현대성 비판을 바탕으로 자신의 아리스토텔리즘을 발전시킨다. 매킨타이어는 이미 초기 저작에서 마르크스주의와 자유주의를 비판한 바 있었다. 매킨타이어는 전통적 생활 세계에서 토대가 없는 계몽주의의 추상적 합리주의가 모든 차원에서 오늘날 기술적技術的 도구주의로 이어지고 있으며 이로 인한 해악과 부담스러운 결과는 치유될 수 있음을 보여주려 한다. 이에 대해 갱신되어야 할 아리스토텔레스의 덕 윤리는 총체적 삶의 실천을 의미 있고 충족적인 것으로 이해하며 좋은 삶의 목적론을 서사적으로 전통에 정착하게 하는 길을 제시한다. 하지만 매킨타이어의 신보수주의는 현대 도전을 극복할 수 없다고 비판을 받아왔다.

로널드 드워킨(1931~2013)과 마이클 왈저(1935~), 찰스 테일러(1931~), 마이클 샌델(1953~), 마사 누스바움(1947~)은 비판적으로 수정된 공동체주의적 사유를 대표한다. 드워킨은 《법의 제국》(1986)에서 법과 도덕의 밀접한 연관성을 주장하며 낙태와 안락사 논쟁 등을 통해 이러한 연관성의 결과를 도출한다. 왈저는 《정의의 영역들

Spheres of Justice》(1983)에서 분배 정의와 "복잡한 평등"을
언어 맥락주의적으로 분석해 자유주의와 공동체주의
논쟁을 심화한다.

# 11. 구조주의와 포스트모던 그리고 해체

## 언어와 구조주의적 사유의 경계 탐색

프랑스 구조주의의 위대한 전통의 시작에는 중요한 언어학자 페르디낭드 드 소쉬르(1857~1913)가 있다. 소쉬르는 언어 체계가 내적 기능 연관을 형성하는 형식 구조로 이루어져 있음을 보여준다. 이 기능 체계는 이를 사용하는 개인과 완전히 무관하게 재구성될 수 있으므로 그 구조는 상호 주관적이자 주관을 넘어서 의사소통 자체를 처음부터 가능하게 한다. 여기에는 언어의 배열 원칙이 함축되어 있다. 원칙은 문법과 그 형식 구조에서 드러나며 사람들이 무의식적으로 사용하는 실제 언어를 앞선다. 소쉬르는 다수의 개별 분석에서 전체 언어 관행을 구조화하는 가장 작은 통일체(음소phonem)를 기반으로 대립이나 대조 관계에 있는 의미론 영역을 발견할 수 있음을 보여준다.

클로드 레비스트로스(1908~2009)는 구조주의적 방법으로 《야생의 사고》(1962)에서 사회 조직 형식과 민족학, 근친상간 금기를 다루고 이를 포괄해서 《신화학》(1964~1971)으로 정리한다. 근본적 구별(자연/문화, 날것/익힌 것, 나체/옷, 꿀/재)은 신화에서 찾을 수 있으며 이는 구조적으로 해석될 수 있다. 제시된 배열 구조는 보편적이고 불변인 것으로 주장되며, 그 구조들은 사람들이 알지 못하는 사이에 조사된 사회 내 삶과 행동에 대한 이해를 구성한다. 소쉬르의 음성학과 문법 형식처럼 신화에 함축적으로 존재하는 구조들은 그 내용이 고정된 것이 아니라 그 형식에 근거하여 통용되고 작동한다. 그 형식은 무의식적으로 작용하므로 여기서 레비스트로스는 프로이트를 강력히 수용한다. 레비스트로스는 또한 초월적 주체가 없는 칸트주의에 관해서도 말한다. 따라서 구조주의는 사회철학적 그리고 타당성 추구의 해석학적 차원에서 당시의 의식철학과 인식론적 주관주의를 배제한다.

정신분석학자 자크 라캉(1901~1981)은 구조주의 이론에 강하게 영향을 받는다. 라캉은 구조주의적 방법으로 (프로이트) 무의식의 독자적 명령 권력을 해석한다. 라캉은 데카르트에서 칸트에 이르기까지의 전통적 인식론을 무효화할 정도로 무의식 구조의 우위를 강조한다. 라캉에 따르면 "나는 생각한다. 고로 존재한다"라는 주장은 자기 오인이다. 따라서 라캉은 다음과 같이 논쟁적으로 표현한다. "나는 내가 존재하지 않는 곳에서 생각한다. 고로 나는 내가 생각하지 않는 곳에서 존재한다." 무의식 속에서 진정한 욕망의 주체는 합리적 동일성과 자율성이라는 가상의 자아에 맞서 강력해지는 모든 불안과 결핍을 가지고 말한다. 이 때문에 라캉의 사유는 자아 동일성을 회복시키려는 프로이트의 치료적 목표에 반한다. 라캉은 거울 단계라는 유명한 분석을 통해 유아가 거울 속 영상을 지각하여 동일성에 대한 가상의 생각을 형성하고 이것이 자기 오인으로 이어짐을 보여주려 한다(《나 기능의 형성자로서의 거울 단계》, 1949). 더 나아가 라캉은 프로이트의 꿈 분석(전위, 압축, 꿈의 작업)에서 기본 개념을 언어분석적 범주(메타포, 환유)로 해석한다. 라캉은 언어 습득과 연결하여 아이의 주체 형성 과정을 다루기 때문이다(《정신분석에서의 말과 언어의 기능과 장》, 1953).

루이 알튀세르(1918~1990)는 《마르크스를 위하여》(1965)와 《자본론을 읽다》(에티엔 발리바르와 공저, 1968)에서 자본에 대한 마르크스의 분석을 구조주의적 개념들로 해석한다. 특히 알튀세르는 토대와 상부구조의 관계에 관한 도식적이고 이원론적 이해를 정치, 경제, 문화의 상호작용에 존재하는 내부적으로 더 복잡한 구조로 대체한다. 상부구조는 단순히 토대에 의해서 야기되는 경제적 기반의 부속물로 이해되어서는 안 된다. 그러나 알튀세르의 주체 중심적 분석은 사회적 현실을 외면한다.

## 지식의 고고학자-푸코

미셸 푸코(1926~1984)는 헤겔과 후설, 하이데거의 현상학, 정신병리학, 니체로부터 영향을 강하게 받는다. 푸코는 문화적 자기 이해의 토대를 재구성하는데, 단지 경험과학이나 강력한 역사철학적 전제를 가지고 이러한 재구성을 수행하지 않는다. 오히려 연구에서 푸코는 유럽과 다른 사회의 자기 이해 형성에 본질적이고 유익한 사회 행위의 계열적 관계 영역과 관련을 맺는다. 그 영역에 광기, 질병, 범죄, 성이 포함된다. 《광기의 역사》(1961), 《임상의학의 탄생》(1963), 《말과 사물》(1966) 등 초기 저작에서 푸코는 지식과 인문과학의 인식 가능성을 연구하며 이를 '고고학'이라 명한다. 이 같은 접근 방식은 곧

바로 많은 관심을 끌었고 푸코는 곧 프랑스 사상계를 지배하던 사르트르의 맞수로 떠오른다. 1970년 콜레주 드프랑스에 교수로 임명되어 '사유 체계의 역사'를 가르치며 어떤 권력 구조가 담론에 영향을 미치고 담론을 형성하는가 하는 중심 질문으로 담론 분석을 심화한다. 푸코는 여러 나라에 객원교수로 초청되고 폴란드, 스페인, 페르시아, 브라질의 해방 운동을 비롯한 수많은 정치 활동에 참여한다.

푸코는 《광기의 역사》에서 서구의 합리성 형성(니체의 계보학)이 정신병원이나 병원, 감옥과 같은 배제 기관들과 동시에 출현했다고 분석하는데, 이는 푸코의 핵심 주제가 된다(《임상의학의 탄생》; 《감시와 처벌》, 1975). 푸코는 이처럼 경험적·사회과학적 연구에 힘입어 정상적 자아나 주체의 정체성 구성이 일탈한 삶의 형식을 배제하는 제도가 생성되는 과정에서 어떻게 실현되는지 보여준다. 푸코가 고고학이라 부른 이 기원의 계보학적 과정의 재구성은 언어적으로 그리고 사회적으로 확정된 지식 형식들로 이해할 수 있으며 그는 이를 '담론'이라 명명한다(《말과 사물》; 〈담론의 질서L'ordre du discours〉, 1971). 담론은 특정 진술을 가능하게 하고 특정의 실천 행위에 속한다. 푸코의 담론 분석은 형식적 구조주의나 해석만으로 이해될 수 없다. 따라서 정신병원 설립, 눈에 띄는 사람들을 수감하는 관행, 이들의 선택 기준, 치료하는 의사와 정신이상자로 판명된 이들의 관계 형식 형태는 구체적으로 파악할 수 있고 역사적 분석을 통해 '광기' 담론의 형성을 조명할 수 있다. 푸코의 권력 분석과 계보학 개념을 통한 '담론' 개념의 발전은 니체의 '도덕의 계보'와 '권력 의지' 개념에 강한 영향을 받는다. 광기, 질병, 범죄, 성에 대한 담론의 생성과 제도화는 항상 사회적으로 조직된 권력관계와 밀접하게 연결되어 있다. 푸코에 따르면 지식은 권력이다. 담론 형성과 각각 권력 구조의 내부 상호작용은 복잡하고 미묘하다. 푸코는 이를 "권력의 미시물리학"으로 파악하려 한다. 또 감시와 처벌에 관한 분석은 (기독교 권력에 기초한) 고해 관행이 (국가법 권력을 기초로 하는) 심문, 자백, 재판, 선고의 세속적 실행으로 어떻게 변화하는지를 보여준다. 일탈 행동 형식은 현대 의학과 심리학의 치료 담론에서 수정된 형태로 수용된다. 권력과 지식 담론의 상호작용은 푸코가 '장치dispositif'라고 부른 단어로 표현된다. 푸코의 후기 저작인 《성의 역사》(전3권, 1976~1984) 중 3권에서는 윤리적·정치적·인간적 "자기 배려"의 해방적 측면이 삶의 실천을 다룬 고대 윤리학에 기초하여 전면에 등장한다. 푸코는 (자신의 정치적 참여를 배경으로) 해방과 성공적 자기 배려의 실천이 현재 어떻게 생각되고 구체화될 수 있는지 묻는다.

20세기 후반 논의를 위한 특정한 방법과 주제로 인해 푸코의 영향력은 강화된다. 데리다, 들뢰즈, 리오타르, 조르조 아감벤, 주디스 버틀러와 같은 철학자들이 푸코의 영향을 받는다.

푸코를 긍정적으로 수용한다면 현대사회에서는 자유와 평등의 법률관계를 가장한 규율, 통제 및 균일화 과정이 권력 이해관계가 영향을 미치는 모든 차원에서 작동하고 있다고 평가할 수 있을 것이다. 가족, 학교, 병원 등 일상생활과 제도화된 삶 곳곳에 그러하다고 말이다.

### 인식비판과 상대주의의 길을 걷다―로티

리처드 로티(1931~2007)는 처음에 논리경험주의로 형이상학을 비판한 시카고대학의 카르납과 그의 제자인 예일대학 칼 구스타프 헴펠에게서 영향을 받는다. 그렇다고 해서 로티가 빈학파의 과학 이론을 받아들인 것은 아니다. 1967년 로티는 언어분석철학의 핵심 텍스트를 모아놓은 《언어학적 전회The Linguistic Turn》라는 성공적 모음집을 편찬한다. 서문에서 로티는 이미 철학의 언어 분석적 전회가 종결 단계에 접어들었다고 회고한다. 이런 비판적 거리 두기는 로티의 사유에 결정적 영향을 미친다. 대표적 저술인 《철학과 자연의 거울》(1979)에서 로티는 하이데거와 비트겐슈타인의 인식비판 전통에서 무엇보다도 주관과 객관의 데카르트적 이원론이 존재론적·의식철학적 패러다임이 된 인식의 모사론 앞에서 등을 돌린다. 근대와 현대를 특징짓는 이런 패러다임에서 현대 자연과학의 자기 이해가 생겼다. 자연과학 역시 인간의 정신이 현실에서 정신 앞에 주어지는 것을 반영하는 "자연의 거울"이라는 상에 이끌린다. 형이상학이나 존재론, 의식철학, 인식론, 논리경험주의의 자연과학 이론 등은 모두 이러한 모사 관계를 전제로 한다. 로티는 이 전제가 인식 일반의 가능성에 보편적 조건을 규정한다고 주장하는데, 이러한 문제를 비판적 초월철학에도 제기한다는 점이 무엇보다 중요하다. 로티는 한 걸음 더 나아가 니체의 전통에서 자신의 비판적 회의론을 진리에 대한 모든 주장으로까지 확장하기 때문이다.

로티의 '후기 분석철학'은 해석학과 미국 프래그머티즘의 사유를 통합한다. 인간은 유한한 존재로서 "신의 관점"에서 세계를 순수 객관적으로 볼 수 없다. 지식은 항상 관심사나 욕구, 가정, 편견에 의해 형성되는 관점을 지니며 이는 우리 각자의 문화적 맥락에서만 이해할 수 있다. 로티는 "흠모하는 철학자" 제임스, 듀이, 하이데거, 비트겐슈타인의 '치료적' 전통에 자신이 있다고 생각한다. 모사 사유에서 우리는 자유로울 수 없는 그런 상에 (비트겐슈타인과 함께) '포획되어' 있다. 하지만 우리는 진리와 타당성에 대한 보편적 주장과 결별해야만 한다. 오로지 각각의 행위 맥락에서만 구체적 목적과 관련하여 프래그머틱한 기준을 제시할 수 있을 뿐이다. 로티는 또한 프로이트의 정신분석을 수용한다. 우리는 스스로를 적절하게 인식하지 못한다. 본성의 깊은 곳을 꿰뚫어 볼 수 없기 때문이다. 이러한 비판적 통찰의 결론은 모든 수준의 인식에서 문화적·개별적·맥락적·프래그머틱 상대주의다.

로티는 《우연성, 아이러니, 연대》(1989)에서 인식비판의 실천적이고 정치적인 결론을 발전시킨다. 로티에 따르면 누구도 종교적 혹은 과학적 근거로 정당화된 우월한 견해를 주장할 수 없으므로 그러한 주장을 포기하고 다른 생각을 가진 사람을 용인해야 한다. 진정한 자유주의 사회는 이러한 포기로 번성한다. 우리는 문화적 우연성도 이해해야 한다. 그리고 나서야 우리는 유머에도 자유로워진다는 것이다. 즉 우리는 자신과 확신에 거리를 둔 아이러니한 관계에 도달할 수 있다. 이런 식으로 자신을 이해한 자유민주주의 시민사회에서는 "진리 대신 자유"가 신조이며, 모든 시민 사이에서 '연대'가 형성된다. 이렇게 로티는 급진적 상대주의와 회의주의 속에서도 자유주의 사회와 중심 없는 문화의 이상적인 모습을 기획한다(《객관성, 상대주의 그리고 진리Objectivity, Relativism, and Truth》, 1990).

쾨인과 윌프리드 셀러스에 의한 언어분석철학의 지속적 발전은 인식비판을 강화한다. 언어적 의미와 문장의 의미는 화용론적 언어 사용의 맥락에서만 파악될 수 있음을 인식비판이 보여주기 때문이다. 이 의미분석의 전체성, 즉 언어 사용 전체의 사회적 맥락을 고려하는 것은 로티의 상대주의에 해당한다.

진리 및 인식비판과 상대주의로 인해 로티는 곧 철학에 작별을 고했다("철학적 자살")는 비판을 받는다. 이러한 비난에 로티는 1982년 프린스턴대학을 떠나 버지니아대학 영문과 교수로 자리를 옮긴다. 그리고 1998년에서 2007년까지 스탠퍼드대학 비교문학과 교수로 활동한다. 로티의 상대주의는 퍼트넘과 하버마스와의 논쟁에서 비판의 초점이 된다. 고전적 반박 논의는 상대주의의 자기 적용 시 자기 파괴의 논의였다. 로티처럼 시종일관 비판적으로 주장하는 사람은 의심의 여지 없이 자신의 진정한 진리와 타당성을 주장한다. 그렇다면 완성된 인식비판은 어떤 위상을 가져야만 하는가? 문학이나 시의 위상을 가져야 하는가? 게다가 자유주의 시민사회에 사는 사람들은 관용을 근거로 함께하는 시민이 주장하는 종교적·과학적 진리 주장을 인정해야 한다. 그리고 로티는 성찰적 자기 적용에 대한 회의주의 때문에 오류 추정을 회의와 진리 주장에 대한 비판에까지 확장해야 할 정도로 극론해야만 한다. 그렇게 된다면 도대체 무엇이 남는가? 로티는 도발적으로 시종일관 미국적 맥락과 미국 헌법을 그 증거로 제시한다.

**프랑스의 포스트모더니즘─들뢰즈와 리오타르**

한편 프랑스에서는 들뢰즈, 리오타르, 데리다와 같은

철학자들이 현대성의 전통을 의심하고 곧바로 강령적으로 포스트모더니즘을 통고함으로써 상대주의와 보편적 진리 주장의 철회를 촉구한다. 이 새로운 시대는 방법적으로 현대에서 성공적이었던 방법론, 특히 프랑스에서 지배적이었던 구조주의와의 결별을 요구한다. 그 결과 후기구조주의가 뒤따르게 된다. 포스트모더니즘이 문화적 유행으로 번지는 동안 거의 모든 고전적 패러다임은 종말이나 몰락, 죽음을 고하게 된다. 니체가 선언한 "신은 죽었다"라는 모범적 양식을 따라 세기의 전환기에 (또 위대한 변형의 생각을 위한 근거이다) 곧바로 '주체의 죽음', '역사의 종말' 그리고 다시 유럽의 침몰(이는 1918년에 출간된 오스발트 슈펭글러의 《서구의 몰락》을 모범으로 한 선언이다)이 예언된다.

질 들뢰즈(1925~1995)는 푸코와 (정치 행동에서도) 협력하고 정신분석가 펠릭스 과타리(1939~1992)와 함께 《안티 오이디푸스》(1972)를 펴내기도 한다. 《안티 오이디푸스》에서 들뢰즈는 마르크스와 프로이트의 이원론적 기본 구분에 반대하여 생산이나 충동, 욕망을 차별적 운동으로 새롭게 기술한다. 이 운동은 언어, 경제, 성의 다양한 형태로 변화하고 위치를 바꾸며 서로 얽히게 된다. 이에 앞서 들뢰즈는《차이와 반복》(1968)과《의미의 논리》(1969)에서 언어와 실천에서 차이와 반복에 대한 반모방론적·반표상론적 이해를 발전시키고 "초월적 경험론"으로 지칭한 직관과 경험의 비주관주의적 이해를 발전시킨다. 철학은 발생하는 현실의 강력한 복잡성과 다양성을 표현할 수 있는 개념의 발명술이다. 들뢰즈는 미학에서 현대문학(베케트, 카프카, 프루스트) 외에도 미분 운동을 직관적으로 알게 하는 영화로 눈을 돌린다.

장 프랑수아 리오타르(1924~1998)는《포스트모던의 조건》(1999)으로 국제적 주목을 받는다. '포스트모던'이라는 용어가 1980년대 대중에게까지 알려지면서 이 책의 제목은 한 시대의 제목이 된다. 그렇다면 리오타르는 무엇을 말하려는 것인가? 리오타르는 지금까지의 모든 것과 결별하기 위해 현재 지배하고 있는 "거대 이데올로기"의 세계사를 논한다. 리오타르는 새로운 시대를 지칭하기보다 "거대 서사의 종말" 뒤에 나타나는 현대의 정신적 정황을 파악하려 한다. 거대 서사(기독교, 자본주의, 사회주의, 마르크스주의, 공산주의, 기술혁명)는 근대와 현대에 모든 작은 서사를 거두어들여 독차지하고 억압하기 위해 매진해왔다. 이에 대해 리오타르는《쟁론》(1983)에서 다양한 범주적 문맥과 언어 놀이의 복잡성과 통약 불가능성을 이해하고 논해야 한다고 주장한다. 따라서 '포스트모던'의 본래 의미는 현대와의 슬픈 이별이 아니라 현대를 다층적으로 재규명하고 전유하려는 차별화에 대한 결정적 옹호다. '쟁론Le differend'[잘못 또는 불의로도 옮길 수 있다-옮긴이]은 칸트와 비트겐슈타인과 함께 이질적이고 통약 불가능한 논변 유형의 급진적 다원주의를 기획한다. 이는 명백히 하버마스의 논변 윤리와 진리합의론에 반하는 것이다. 미학에서는 현대 아방가르드를 분석하기 위해 숭고의 범주를 재평가한다(《숭고한 것의 분석론Leçons sur l'analytique du sublime》, 1991). 포스트모던을 둘러싼 논의는 전 세계적 반향을 일으킨다.

## 해체의 시대를 열다-데리다

포스트모더니즘을 대표하는 자크 데리다(1930~2004)는 매우 수준 높은 해석학 차원에서 철학적 논의를 전개한다. 데리다는 알제리에서 태어났다. 유대 혈통과 레비나스는 데리다의 사유에 영향을 미쳤다. 1965년에서 1984년까지 파리고등사범학교에서 교수를 지낸다. 데리다의 사유는 하이데거와 함께 더욱 발전한 후설의 현상학에 관한 해석에서 시작한다. 1967년 데리다는《그라마톨로지》와《글쓰기와 차이》,《목소리와 현상》에서 자신의 사유를 설명한다. 데리다는 하이데거의 "존재론적 차이"를 언어 철학적으로 수정한다. 우리는 의미의 모든 표현에서 무언가를 이해할 수 있기 위해 언어적 수단이 필요하다. 전통적 존재론과 형이상학은 이런 언어적 매개의 선행성을 간과하거나 놓치거나 배제하므로 우리가 존재에 대한 사유를 직접 언어로 표현할 수 있다고 가정하는 "현존재의 형이상학"을 만든다. 같은 방식으로 후설 현상학은 현상을 그 자신과 그것에서 보이는 것을 기술하려고 한다. 하이데거가 스스로 보이는 존재자의 내용을 각각의 존재와 근본적으로 구분하고 현전성의 '해체'를 기획하면서 존재론적 차이를 비판적으로 전개하듯이, 데리다는 모든 존재의 언어적 현재화의 양상을 표현된 의미 자체와 근본적으로 구별한다. '해체' 프로젝트와 함께 데리다는 하이데거의 존재론적 차이를 어느 정도 언어로 전환한다. 현상학적 기술 언어는 또한 나타나는 현상에 대한 사유적 이해를 재현한다고 주장하는데, 이것이 데리다의 기본 사유다. 언어적 현재화 자체는 구조적, 구성적으로 마음대로 할 수 없는 것이며 이 현재화는 문자로서 그리고 목소리로서 존재한다. 따라서 데리다의 분석에 따르면 하이데거의 존재론적 차이에서 존재는 모든 대상화에서 벗어나 있고 그렇지 않으면 존재는 현전의 물화로 되는 이유와 마찬가지로 언어의 의미를, 구체적으로 목소리 혹은 문자의 의미를 객관화할 수 있다고 생각하는 경우가 발생한다. 즉 문자에서 언어의 현존은 환영일 뿐이다. 사유의 문자성은 사실상 글에 대한 우리의 이해가 항상 우리에게서 벗어나 있으며 앞으로도 벗어날 것이라는 사실을 보여준다. 하이데거의 《존재와 시간》에서 시성Zeitigung의 탈자Ekstasen에 관한 분석을 적용하면 우리의 시간적 글자 이해는 항상 '여전히 오지 않고noch ausstehen' 문장과 단어, 의미 이해는 그때마다 '유예됨aufschieben'을 보여준다. 하지만 읽고 듣고 말한 것은 이미 과거고 우리는 그것을 기억하면서 현재화할 수 있다. 요컨대 언어적 의미는 미래의 부재와 벗어남Entzogenheit에서만 예상되거나 과거의 부재와 벗어남에서 기억되려는 것이다. 의미 자체는 결코 '현재Da'가 아니다. 데리다에 따르면 이런 의미론적 차이는 모든 텍스트와 텍스트 이해로 확장된다. 텍스트와 관련된 의미론적·화용론적 맥락은 우리가 이 맥락을 연결하거나 사려 깊게 부가할 때 그 의미가 달아난다. 이런 방식으로 텍스트의 원래 의미는 데리다에게 구성적으로 어떤 모호함을 지니게 된다. 그 의미는 셀 수 없이 많고 복잡한 텍스트를 추가적으로 지시한다. 전통적으로 절대자, 즉 원래 의미는 무한성에 감추어진다. 따라서 비판적 해석학은 부정신학에 닿아 있으며, 데리다는 유대인의 전통에 비유하여 신성한 텍스트 신비, 즉 신의 말씀인 토라Thora(율법)를 설명하는 차이에 대한 해석학을 발전시켰다는 많은 징후가 있다.

그런데도 데리다의 부정적인 비판적 분석은 그러한 전통과 무관하게 전적으로 합리적인 텍스트 비판으로 받아들여진다. 데리다는 신학과 관련지어지기를 거부한다. 데리다가 고안한 조어 '차연différance'은 언어적 표현의 도달 불가능성 또는 객관화 불가능성을 가리킨다. 텍스트의 의미를 이해하려 할 때 우리는 우리의 이해에 따라 글자 '기호'로 제시된 의미를 가리킬 뿐이다. 따라서 글자 기호는 데리다의 용어로 근원적 '흔적la trace'에 불과하다. 서구의 형이상학과 존재론은 사유 속 존재와 의미 현전에 기반을 둔다. 따라서 이를 두고 데리다는 언어가 "음성 중심"적 경향이 있다고 한다. 음성과 구어가 현전을 암시하기 때문이다. 이에 대해 데리다는 '부재하는' 차이의 의미에서 계속 벗어나는 문자, 즉 그라마톨로지를 우선 고려해야 한다고 주장한다. 데리다의 해체란 서구의 로고스중심주의와 또 이와 연결된 권력에 반대하는 것이다. 데리다는 많은 저작을 통해 해체 방법을 법의 타당성(《법의 힘》, 1989/90)과 정신분석, 마르크스주의 및 유럽 정치에도 적용한다. 데리다는 정치적으로 체코공화국과 남아프리카공화국, 팔레스타인에서의 해방운동을 지지한다. 데리다의 초기 저술들은 해체가 매우 강력한 방법론으로 떠오르며 미국 문학 연구에 큰 영향을 미친다. 미국에서 시작된 바람이 유럽에 불어닥치며 데리다의 사상은 다양한 방식에서 '분해'될 수 있는 텍스트를 다루는 데 혁신적 형식을 열어놓는다. 이는 특히 데리다가 고전적·규범적 텍스트를 다루는 데서 드러나는데, 이로 인해 가다머나 하버마스와 논쟁을 벌이기도 한다. 가다머와 하버마스는 해체를 통한 해석학이나 진리와 타당성에 관한 주장의 포기를 비판적으로 논의한다.

# 12. 현재에 대한 조망들

## 현대 철학의 다양성과 상호작용

20세기 후반 철학 학파와 방향은 국내 및 국제 차원에서 세분화되고 서로 영향을 주고받으며 발전한다. 고대 철학, 형이상학, 초월철학, 변증법적 전통의 고전적 사유는 체계적으로 다시 이어지며 재구성되고 변형된다. 현상학, 해석학, 언어철학은 서로 관련을 맺으며 전통 철학적 계획의 생산적·혁신적 해석과 습득에서 입증되는 새로운 사유를 형성한다.

1960년 이래로 해석학과 철학사의 연구는 복잡한 방식으로 지속해서 발전한다. 독일에서는 요하힘 리터(1903~1974)가 주도하여 《역사적 철학 용어 사전Historische Wörterbuch der Philosophie》(전13권, 1971~2007)이 편찬된다. 1000명이 넘는 학자들이 참여한 이 방대한 책은 개념사라는 방법을 철학에 적용한다. 《역사적 철학 용어 사전》은 철학 연구에 가장 유용한 사전으로 세계적으로 인정받는다. 리터학파는 또한 아리스토텔레스적 헤겔주의(《형이상학과 정치Metaphysik und Politik》, 1969)를 대표하는데, 가령 헤르만 뤼베(1926~)나 오도 마르크바르트(1928~2015), 로베르트 슈패만(1927~2018)은 정치적으로 독일공화국에서 계몽된 현대 보수주의의 형식을 프래그머틱·회의주의적·종교철학적 요소로 발전시킨다. 이러한 요소는 프랑크푸르트학파의 비판 이론에 영향력 있는 균형추로 작동한다.

필리파 푸트(1920~2010)는 언어 비판과 덕 윤리학, 응용 윤리학의 영역에서 차별화된 성찰을 전개한다. 푸트는 칸트의 범주적 규범주의를 비판하는가 하면 상황 의존적 가상 명령으로서 도덕적 규범을 좋은 삶의 목적으로 재구성한다(《본성적 선함Natural Goodness》, 2001).

아그네스 헬러(1929~2019)는 루카치의 제자로 일상생활과 욕구 개념에 관한 자본주의의 비판적 탐구를 내놓는다(《일상생활Alltagsleben》, 1970;《마르크스의 욕구 이론A Theory of Need in Marx》). 그리고 사회철학의 윤리적 토대를 깊이 사유한다(《일반 윤리학General Ethics》, 1988; 《도덕철학A Philosophy of Morals》, 1990).

디터 헨리히(1927~2022)는 초월철학과 독일관념론을 근본적으로 연구한다(《피히테의 근원적 통찰Fichtes ursprüngliche Einsicht》, 1966;《맥락에서 본 헤겔Hegel im Kontext》, 1971). 헨리히는 스승인 가다머의 해석학적 사유를 넘어 텍스트의 '논쟁적 재구성'을 계획하여 그 근거가 발생적으로 도출하지 않고 남아 있는, 더는 배면으로 갈 수 없는 자기의식의 초월적 개념을 주제로 삼는다(《의식에서의 이유Der Grund im Bewusstsein》, 1992). 한마디로 새로운 탐구는 독일관념론의 발전을 재구성한다(《자아로부터 기초 놓기: 관념론의 전사에 관한 연구, 튀빙겐-예나 1790~1794Grundlegung aus dem Ich. Untersuchungen zur Vorgeschichte des Idealismus. Tübingen-Jena 1790-1794》, 전2권, 2004).

한스 블루멘베르크(1920~1996)는 《은유학의 패러다임 Paradigmen zu einer Metaphorologie》(1969)에서 언어에 대한 해석학적 성찰을 독자적으로 시도한다. 블루멘베르크는 《코페르니쿠스적 전회Die Kopernikanische Wende》(1965)와 《코페르니쿠스적 세계의 생성Die Genesis der Kopernikanischen Welt》(1975)을 통해 철학적 성찰을 특징짓는 언어적 상과 그 상이 잠재적으로 유도하는 것을 검토한다. 《근대의 정당성Die Legitimität der Neuzeit》(1966)에서 블루멘베르크는 근대는 본질에서 신학적 내용의 세속화 프로젝트에서 이해될 수 있다는 데 반대하며 카를 뢰비트Karl Löwith(1897~1973)가 주장한 널리 퍼진 세속화 이론에 반대한다. 《신화에 대한 작업Arbeit am Mythos》(1979), 《세상 읽기의 가능성Die Lesbarkeit der Welt》(1981), 《동굴의 출구Höhlenausgänge》(1989) 등에서 블루멘베르크는 핵심 주제인 세계와 자기 이해는 신화적·은유적 요소에 항상 머물러 있는 것이 특징이라고 설명한다.

장 보드리야르(1929~2007)는 대표 저서인 《상징적 교환과 죽음L'échange symbolique et la mort》(1976)에서 근대 후기에 나타나는 인간관계의 무가치함과 교환 가능성의 근거를 분석한다. 시뮬라시옹이라는 기본 개념으로 기술 매체를 통한 의사소통의 파괴를 파악하려 한다(《비디오 세계와 분열된 주체Videowelt und fraktales Subjekt》, 1989; 《종말의 환상 또는 사건의 중단L'Illusion de la fin ou la grève des événements》, 1992).

이탈리아 철학자 잔니 바티모(1936~)는 자신의 작업을 "약한 사유pensiero debole"라 칭하며 성찰적 해석학을 기획한다. 《주관을 넘어서Al di là del soggetto》(1981)에서 바티모는 현대 포스트모던 사회는 '강한' 형이상학적 범주(예를 들어 영원성, 명증, 지배, 권위)로 사유해서는 안 되며 약하고 역사적으로 그리고 유한성과 소멸성을 인식하는 개념들로 사유해야 한다고 주장한다. 바티모는 니체와 하이데거를 연결하며 현대의 종말이나 형이상학의 종식, 역사철학적 사유의 종식을 확신한다. 바티모에 따르면 "약한 사유"는 미적 체험으로서, (목표가 아닌) 재화의 윤리학으로서, 전통의 복잡한 역사의 다양성에 대한 사유로서, (하이데거와 함께) 과학화된 세계의 기술 비판적 '쓰임새'로 전개되어야 한다.

찰스 테일러(1931~)는 자연과학에서 자연주의, 환원주의, 기능주의는 물론 사회공학 이론에서 공리주의에 반하여 삶의 현실을 적절히 해석학적으로 이해하기 위해 철학과 인간학으로 접근한다. 행동주의와 행동의 기계론적 이해(《행위의 서술The Description of Behavior》, 1964)는 부족한 반면 주관성에 관한 헤겔적 시각은 사회적·언어적 실천의 맥락에서 정당하게 여겨진다(《헤겔》, 1975). 대표적 저술 《자아의 원천들》(1989)에서 테일러는 개인과 그 복잡한 정체성 구성(내적 깊이, 자기통제, 일상적 실천의 중심에서 자기 인식, 진정성의 이상)을 현대적으로 이해하는 역사적 길을 포괄적으로 보여준다. 종교개혁이야말로 이런 길을 형성한다. 정치철학에서 테일러는 존엄과 권리의 자유주의적 보편주의와 소수자에 대한 공동체주의적 존중 사이에 있다. 《세속화와 현대 문명》(2007)에서 테일러는 종교 전통이 현대에 미치는 다양한 영향을 중점적으로 숙고하는 세속화에 관한 차별화된 역사를 서술한다. 테일러는 현대에 진행 중인 세속화 과정에 관한 일방적 생각을 극복하고 종교철학적 성찰을 새롭게 하는 대표적 주창자다.

세일라 벤하비브(1950~)는 독자적으로 비판 이론의 발전에 기여한다. 벤하비브는 《비판, 규범, 유토피아》(1986)에서 칸트와 헤겔을 되돌아보며 비판적 사회 분석의 전제를 재구성하고 이를 《자아의 정립Situating the Self》(1992)에서 페미니즘 철학과 포스트모던의 주제로 확장한다. 《한나 아렌트의 주저하는 현대성The Reluctant Modernism of Hannah Arendt》(1996)에서는 한나 아렌트에 관한 포괄적 해석을 내놓고 《문화적 다양성과 민주적 평등성Cultural Diversity and Democratic Equality》(1999)에서는 다문화 사회의 문제를 다룬다. 벤하비브의 연구는 좋은 삶의 윤리에 관한 물질적 문제를 둘러싼 논변 윤리로 확장된다.

새로운 현상학은 후기 후설과 메를로퐁티 그리고 헤르만 슈미츠(1928~2021)를 거치며 발전한다. 슈미츠는 《철학의 체계System der Philosophie》(전10권, 1964~1980)를 통해 포괄적으로 새롭게 현상학에 접근한다. 《철학의 체계》에서 슈미츠의 현상학은 주관주의와 환원주의의 형식에 반대하고 삶의 현상을 사실적으로 파악하며 진정한 풍요와 복잡성을 기술적으로 포착한다. 슈미츠는 내부와 외부의 이원론에 대해 신체의 상황과 관계, 느낌, 감정 공간을 포괄적으로 분석한다. 《신체 현상학Phänomenologie der Leiblichkeit》에서 슈미츠는 신체적 밀접함과 확장, 팽창과 긴장 등이 중심적 역할을 하는 인간 경험의 자기 구성의 원형을 전개한다. 이를 바탕으로 인간 "감정 공간"의 혁신적 현상학이 완성되는데, 여기서 그 전체 폭과 깊이와 풍부함을 담은 '분위기'를 포착한다. 슈미츠는 진정한 신체적 감정을 바탕으로 실천철학으로 나아가지만 종종 분노와 수치, 경외와 혐오와 같은 감정에 과도하게 의미를 부여하기도 한다. 《마르지 않는 대상: 철학의 기본 특성Der unerschöpfliche Gegenstand. Grundzüge der Philosophie》(1990)에서 슈미츠는 연구를 집약한다. 베른하르트 발덴펠스(1934~)와 게르노트 뵈메(1937~2022), 하르트무트 뵈메(1944~) 등은 역사적이고 체계적인 작업을 통해 국제 현상학 토론과 새로운 현상학을 지속적으로 발전시키고 있다.

## 분석 언어철학의 진화

분석 언어철학은 다양하고 복잡한 방식으로 발전하며 세분화한다. 헐버트 폴 그라이스(1913~1988)는 라일, 오스틴, 설과 함께 옥스퍼드철학(일상언어철학)에 속하지만 일상언어의 의미론을 심리적 개념(생각, 견해, 확신, 소망)으로 소급하려 한다(《단어의 방식에 관한 연구Studies in the Way of Words》, 1998).

도널드 데이빗슨(1917~2003)은 번역의 불확정성이라는 콰인의 테제를 끌어내 다루고 "원초적 해석"이라는 개념으로 알려진다. 우리가 낯선 언어를 사용하는 화자의 언어적 행동을 어떻게 이해하겠는가? 데이빗슨에 따르면 화자의 의도를 모르고 언어적 표현들이 무엇을 의미하는지도 모른다면 번역은 불가능하다. 따라서 문장을 참인 것으로 가정하는 태도는 증거 기준으로서 기능한다(《원초적 해석Radical Interpretation》, 1979). 행위론의 테두리에서 데이빗슨은 정신적 사건의 결정론적 관점에 대한 기준을 발전시킨다.

스티븐 툴민(1922~2009)은 후기 비트겐슈타인에게서 영향을 받아 윤리적 논의 형식을 분석한다. 툴민은 17세기 데카르트와 연결하여 맥락 없는 추상적 순수 합리성의 이상, 즉 전통적 논리 총론Topik과 수사학의 폭넓은 이성 잠재력을 윤리학으로 밀어내고 잊게 하는 이상이 어떻게 형성되는지를 보여준다(몽테뉴와 파스칼은 이런 발전을 반대한다). 툴민에 따르면 르네상스와 인본주의로의 귀환을 통해 이러한 잠재력을 "비형식적 논리학"의 형태로 회복해야 한다.《인간 지성 1: 집단 사용과 개념의 진화》(1972)에서 툴민은 역사적, 발생학적, 화용론적으로 학문적 합리성(쿤과 파이어아벤트에게 영향을 줌)의 발전을 재구성한다.

아서 단토(1924~2013)는《역사의 분석철학Analytic Philosophy of History》(1965)을 쓴다. 이 책에서 단토는 역사적 사건을 이야기체로 말하는 서사적 설명의 독자적 위상을 파헤친다. 분석적 행위론에서 단토는 다른 행위의 수행을 통해서 실행되지 않은 행위(예를 들어 기초적 신체 운동)로 정의되는 "기본 행위"라는 개념을 얻기 위해 노력한다. 1980년대 이후 단토는 미학과 예술철학 분야

연구에 매진한다.

힐러리 퍼트넘(1926~2016)은 개별 문장이 아닌 전체 이론과 관련된 과학적 실재론"을 발전시킨다. 형이상학적 실재론의 상응론인 의미의 모방론은 불가능하다. 형이상학의 주장에 따르면 우리는 세계를 묘사하기 위해 언어 사용 맥락에서 벗어나 신의 시선으로 바라볼 수 있어야만 한다. 이에 대해 퍼트넘은 "내부 실재론"을 발전시키는데, 이는 단지 우리의 해석 행위를 통해서만 특정 기술 체계의 상대적 연관성을 이해할 수 있다는 것이다.

에른스트 투겐트하트(1930~2023)는 우선 아리스토텔레스의 기본 개념(Ti kata tinós, 1958)과 《후설과 하이데거의 진리 개념Wahrheitsbegriff bei Husserl und Heidegger》(1966)을 다룬다. 투겐트하트는 언어분석적 전회를 수행하고 《언어분석 입문Einführung in die Sprachanalyse》(1976)을 강의하며 언어분석을 사용해 자기의식의 문제성을 해명한다(《자기의식과 자기규정Selbstbewusstsein und Selbstbestimmung》, 1979). 이때 의식의 상태와 그 진리 주장("나는 2+2=4라는 것을 안다")에 대한 일인칭적 서술을 분석하는 데 중점을 둔다. 투겐트하트는 이를 통해 윤리의

기본 문제로 나아간다(《윤리학의 문제들Probleme der Ethik》,
1984;《윤리학 강의Vorlesungen über Ethik》, 1993). 투겐트하트는
도덕 감정(죄, 수치, 분노, 자존감)을 분석적으로 재구성해
해명하려 노력하며 정의와 인권의 개념으로 확장한다.
최근 연구는 인간학 문제와 종교철학적 문제를 주로 다
룬다(《에고 중심주의와 신비학Egozentrizität und Mystik》, 2003;《형
이상학 대신 인간학Anthropologie statt Metaphysik》, 2007).

　존 맥도웰(1942~)은 아리스토텔레스와 실천철학의 해
석을 인식비판적 연구와 연결한다. 맥도웰에 따르면 사
실과 가치의 분리(이원론)는 잘못된 것이다. 오히려 우리
는 처음부터 '2차 본성'(아리스토텔레스), 즉 사회적·의사
소통적 정체성을 매개로 현실을 경험한다.

　분석철학이 발전하면서 1960년대 이후 다른 체계
적 사유와 전통 철학에 대한 개방성이 점점 더 분명해
지고 있다. 해석학, 변증법, 초월철학에 대한 이러한 개
방성은 후기 비트겐슈타인의 영향이 크다. 스탠리 카벨
(1926~2018)은 문화철학과 생철학의 관점으로 비트겐슈
타인 연구에서 인간의 유한성과 상처받기 쉬움을 인식
한다(《이성의 요청: 비트겐슈타인, 회의주의, 도덕성, 비극The Claim
of Reason. Wittgenstein, Skepticism, Morality, and Tragedy》, 1979).

로버트 브랜덤(1950~)은 언어 실천의 규범적 타당성을 세심하게 규명하는 기본적 의미 분석을 제시한다《노골적으로 말하기, 추론하기, 내보이기, 추론적 언급Making it Explicit. Reasoning, Representing, and Discursive Commitment》, 1994).

## 실천철학의 부활과 윤리학의 도전

실천철학의 부활은 1960년대 이후 매우 중요한 사건이다. 롤스의 저술과 논변 윤리, 네오아리스토텔리즘, 공동체주의 발굴은 윤리적·도덕적·법 이론적·정치철학적 성찰의 부활에 결정적 역할을 한다.

윤리학의 강화는 인류의 발전이 직면한 새로운 과제와 관련이 있다. 환경문제와 자연 자원의 고갈에 직면하여 '생태 윤리학'이 생겨나고 진보하는 과학기술의 발전 가능성에 따라 '기술 윤리학'과 기술의 결과에 관한 '평가 윤리학'이 생겨난다. 하이데거 제자인 한스 요나스(1903~1993)는 1973년《유기체와 자유Organismus und Freiheit》에서 인간의 신체를 철학적 생물학의 테두리에서 주제화한다. 요나스는 물질과 정신, 자유와 자연의 모든 이원론에 반대하여 자유의 개념을 신진대사의 차원에 적용하며 유기적인 것이 애당초 정신적인 것을 생기계 한다고 주장하는 전체적인 생철학을 발전시킨다. 후기 연구에서 요나스는 사유의 중심을 기술과 윤리의 관계로 옮긴다. 《책임의 원리Das Prinzip Verantwortung》(1979)에서 요나스는 인간중심주의와 현실주의를 토대로 지금까지의 윤리학을 비판적으로 검토한다. 요나스에 따르면 오히려 우리는 보존 및 유지와 보호의 미래 윤리학의 원칙에 따라 자연의 상처받기 쉬움과 미래 세대의 권리를 고려해야 한다. 그 원칙이란 다음과 같다. "당신의 행동이 지구상에서 진정한 인간으로서 삶의 영원성과 일치하도록 행동하라." 요나스는 이 윤리를 《기술 의학 윤리》(1985)에서 인간생물학과 의학의 문제에 적용한다. 생명 연장과 장기이식, 유전자조작의 기술적 가능성이 끊임없이 증가함에 따라 유한한 인간의 무결성과 존엄성이 강조된다.

기술 발전은 '의학과 생명윤리학'에서 새로운 질문으로 이어진다. 삶을 개선하기 위해 어떤 조치가 의미 있는가? 무엇이 인간을 기술적 '완벽주의'로 몰고 가는가? 이러한 물음에 피터 싱어(1946~)와 그의 선호 공리주의가 주요한 답을 내놓는다. 우리의 욕구나 행복 추구나 고통과 슬픔을 피하려는 전략에 의해 선이 기능적으로 규정될 수 있다고 가정한다. 빈번하게 비판을 받는 이런 토대에서 싱어는 우생학, 유전자공학, 안락사, 낙태, 배아 줄기세포 영역의 실질적 논쟁을 평가한다(《실천윤리학》, 1979). 동물 윤리학은 또한 동물 사용과 대량 사육의 문제를 새롭게 논한다. 첨단 사회에서 생활의 요구와 제약에 직면하여 삶을 설계하는 데 의미 있는 가능성과 인간으로서 가능한 행복, 고대에서 이미 발전되어온 삶의 지혜에 관한 문제가 새롭게 제기된다.

페미니즘 윤리학의 맥락에서 여성 해방의 현대적 발전에도 포괄적으로 논의되는 새로운 질문을 제기한다. 페미니즘 윤리학과 철학은 서로 대립하는 입장으로 분열한다. 성의 본질주의와 존재론의 입장이 한편이라면 급진적 구성주의(사회 구성체로서의 성)의 입장이 다른 한편이다. 뤼스 이리가레(1930~)는 《반사경》(1974)에서 라캉과 데리다와 연결하여 성차의 페미니즘 철학을 발전시키며 윤리학으로 확장한다(《성차의 윤리학Éthique de la différence sexuelle》, 1984). 이 윤리학에서 여성 경험의 불균형한 다양성은 여성의 특수 권리의 토대를 형성한다. 또 줄리아 크리스테바(1941~)도 라캉과 정신분석을 연결하고 신체와 언어의 차이로서 성차를 기호론적으로 성찰한다(《우리 안의 이방인Étrangers à nousmêmes》, 1988). 주디스 버틀러(1956~)는 여성의 자유(《의미를 체현하는 육체》, 1993)를 급진적으로 옹호하며 푸코의 권력 분석에도 연결한다(《권력의 정신적 삶》, 1997).

선진국의 고령화로 '나이 듦의 윤리학'이 등장한다. 이 윤리학은 개인과 사회에서 새롭게 출몰한 삶의 상황 문제와 기회를 명확히 한다.

대학 밖에서는 특히 윤리적 제언을 위해 철학적 치료와 철학적 토론 그룹이 미디어에서 만들어진다. 이는 철학에 관한 더 넓은 사회적 관심과 의미 및 타당성 문제에 관하여 설명을 듣고 싶어하는 욕구를 보여준다. 새로운 독일공화국에서 철학과 윤리학은 이제 학생들이 교육과 학습을 통해 삶과 세계 이해의 근본적 문제를 함께 논할 수 있는 확고하게 제도화된 교과목으로 자리 잡았다.

뇌 연구와 신경생물학의 발전은 현재 인간의 자유(또는 측정 가능한 신경 과정에 의한 인과 결정론)에 관한 토론을 밀도 있게 촉발한다. 이는 실로 철학의 고전적 기본 주제이기도 하다. 이런 뇌의 기능 과정은 우리가 (가상적으로) 자유롭게 행동한다는 것을 믿기 전에 이미 우리를 앞서 규정할까? 아니면 자유와 자율은, 그리고 도덕과 법의 토대와 이와 함께 민주주의 법치국가의 포기할 수 없는 전제와 토대인 인간의 자기규정은 체계적으로 정초되고 정당화될 수 있을까?

철학사는 새롭게 쓰이게 마련이다. 완성된 철학사란 존재하지 않기 때문이다. 역사는 또한 '가상의 박물관'에 가두어두는 고정체가 아니라 현재와 관계를 맺으면서 새로운 의미가 생성될 수 있기 때문이다. 이런 의미에서 역사가의 서술은 역사를 새롭게 만드는 일일 수 있다. 의미 구성의 역사는 인간 실존의 시간적 숙명에서 비롯된다. 하지만 사실 기술은 기초 자료로 남아 있기에 그 진리성과 아울러 그 의미에 대한 토의는 멈추지 않고 지속된다. 순수 사실적 서술의 기대는 그 자체로 형이상학적 가상에 빠지게 된다. 서술하는 사람의 관점, 의도, 가치 평가 등이 스며들기 때문이다. 사실의 의미는 결국 의미 연관에서 이해될 뿐이다. 이에 딜타이는 인간은 역사적 존재이며, 시간은 동가치적인 물리적 계열이 아님을 '역사 이성 비판'의 관점에서 이야기한다.

《20세기 철학 입문》은 이런 의미에서 우선 19세기의 몇몇 중요한 철학자 및 학파(키르케고르와 니체, 신칸트학파와 마르크스)와 철학 외적인 새로운 개별 학문(프로이트의 정신분석학, 아인슈타인의 이론, 사회과학)의 출현과 함께 20세기에 일어난 두 차례의 세계대전, 러시아혁명과 냉전 시대, 소비에트 붕괴와 세계화 등 여러 역사적 사건들에 의해 영향을 받은 철학적 사유와 다양한 학파의 생성을 중심으로 20세기 철학을 기술한다. 그리고 저자는 20세기 철학에 관한 새로운 의미 연관의 제시로 앞으로의 철학을 생산적으로 만들기를 희망한다. 우리에게 20세기 철학을 어떻게 이해하고 현재에 어떤 방식으로 새롭게 발전시켜야 할지를 고민하게 하는 의미 연관, 즉 새로운 대답을 기대하는 문제 연관을 곳곳에서 언급한다. 다윈과 칸트, 아도르노와 하이데거, 비트겐슈타인의 자기비판, 실증주의 논쟁, 과학론 논쟁, 해석학의 보편성 논쟁, 언어철학과 다양한 프래그머티즘, 모더니즘과 포스트모더니즘을 피상적 대립이 아니라 생산적 상호작용을, 같은 문제의식과 그 해결 탐색의 유사성을 제시하여 현재 새로운 철학적 사유를 기대하게 하는 주안점을 보여준다.

이는 저자가 이 책을 서술한 근본 동기이다. "이 책은 20세기를 거치며 한편으로 치우치고 세분된 비판적 성찰들이 현재뿐만 아니라 미래에도 생산적으로 서로 결합하여 상호 보완될 수 있음을 보여준다." 이것이 도대체 어떻게 가능한가? 서로 다른 단초와 문제 설정, 상호 다른 개념들이 사용되는 대답에서 어떻게 상호 보완하며 생산적인 새로운 철학적 사유를 기대할 수 있는가? 이에 대해 저자는 근본 문제로 이성의 급진성을 이야기한다. 이성에 대한 불신을 야기한 사건들을 언급하며 인간에 대한 새로운 이해를 위해 인간을 이성적인 존재로 규정하는 것은 신화적이고 일면적이며 그 자체로 단선적이라고 한다. 하지만 이성 개념도 근대 이후로 다양하게 규정되기도 했다. 특히 20세기 들어 합목적성이 강조되는 상황에서 이성은 도구적, 계산적 합리성으로 전락하고, 그 맞은편인 비합리적 상대주의와 역사주의와 결합하여 역사성과 문화가 절대화되는 방향으로 흘러간다. 그러나 우리가 믿고 있는 세계상과 세계관은 단지 역사적 맥락의 우연성에서만 의미가 구성되고 정당화되는 것일까? 상대주의와 객관주의 및 보편주의는 과연 상호 대립하는 영원한 평행선일까, 아니면 그 둘을 넘어서는 어떤 새로운 논의 차원은 없는 것일까?《20세기 철학 입문》의 저변에는 이런 핵심 문제의 참모습을 보여주고자 하는 의도가 깔려 있다. 말하자면 이성의 자기비판이, 또 다양성을 주장하는 상대주의가 어느 정도 의미가 있는지, 그 한계는 무엇인지를 생각해봐야만 한다.

21세기 인류는 전대미문의 팬데믹과 4차 산업 혁명, 기후변화, 탈세계화 등 새로운 역사적 경험을 하고 있다. 이런 새로운 문제 상황에서 철학적 사유는 무엇을 할 수 있을까? 이 문제에 20세기 철학에서 가장 중요한 사건인 '실천철학의 복권'과 과학기술의 시대에 사는 우리의 삶의 실천을 돌아보고 실천의 규범적 의미를 성찰하는 '새로운 윤리학의 생성'은 의미 있는 대답이 된다. 즉 생태 윤리학, AI 윤리학, 동물 윤리학, 책임 윤리학, 페미니즘 등이 그것이다. 이런 실천철학의 부활과 발전에서 저자의 의도와 기대가 타당하다면 철학에 관심이 있는 독자에게《20세기 철학 입문》은 철학적 지식을 다양하게 '빌드업'할 수 있는 계기를 제공하여 흥미 있는 지적 모험의 길에 들어서게 할 것이다.

## 20세기 철학 입문
후설에서 데리다까지

**초판 1쇄 인쇄** | 2023년 8월 25일
**초판 1쇄 발행** | 2023년 9월 4일

**지은이** | 토마스 렌취
**옮긴이** | 이원석
**발행인** | 이원석
**발행처** | 북캠퍼스

**등록** | 2010년 1월 18일 (제313-2010-14호)
**주소** | 서울시 마포구 양화로 58 명지한강빌드웰 1208호
**전화** | 070-8881-0037
**팩스** | (02) 322-0204
**전자우편** | kultur12@naver.com

**편집** | 신상미
**디자인** | 이경란
**마케팅** | 임동건

ISBN: 979-11-88571-20-8 (04100)
      979-11-88571-18-5 (set)

이 도서의 국립중앙도서관 출판시도서목록(CIP)은 서지정보유
통지원시스템 홈페이지 (http://seoji.nl.go.kr)와 국가자료공
동목록시스템(http://www.nl.go.kr/kolisnet)에서 이용하실
수 있습니다.